COURS

DE

MORALE PRATIQUE

OUVRAGES DU MÊME AUTEUR

COURS ÉLÉMENTAIRE DE PHILOSOPHIE MORALE, in-8 jésus relié toile, deuxième édition. 3 50
*Ouvrage couronné par l'Académie des sciences morales
et politiques.*

COURS ÉLÉMENTAIRE DE PHILOSOPHIE SCIENTIFIQUE, in-
18 jésus relié toile. 2 50

COURS DE PSYCHOLOGIE ÉLÉMENTAIRE APPLIQUÉE A L'É-
DUCATION, in-18 jésus relié toile, troisième édi-
tion . . . . 3 50.
Honoré d'une souscription du Ministère de l'Instruction publique.

PRÉCIS DE MORALE PRATIQUE, conforme aux programmes de l'enseignement secondaire des
jeunes filles; in-18 jésus relié toile, quatrième
édition. 1 50

LA CONSTITUTION ET LES INSTITUTIONS, INSTRUCTION
CIVIQUE, in-18 jésus broché . . . . 3 »
*Ouvrage honoré d'une souscription du Ministère de
l'Instruction publique.*

COURS

DE

MORALE PRATIQUE

RÉDIGÉ CONFORMÉMENT
AUX PROGRAMMES DE L'ENSEIGNEMENT SECONDAIRE MODERNE

CLASSE DE QUATRIÈME

PAR

E. DE LA HAUTIÈRE

Professeur agrégé de philosophie

———

DOUZIÈME ÉDITION

REVUE ET AUGMENTÉE, AVEC UN APPENDICE CONTENANT DES TEXTES
DE COMPOSITIONS ET EXERCICES SUR LE COURS

———

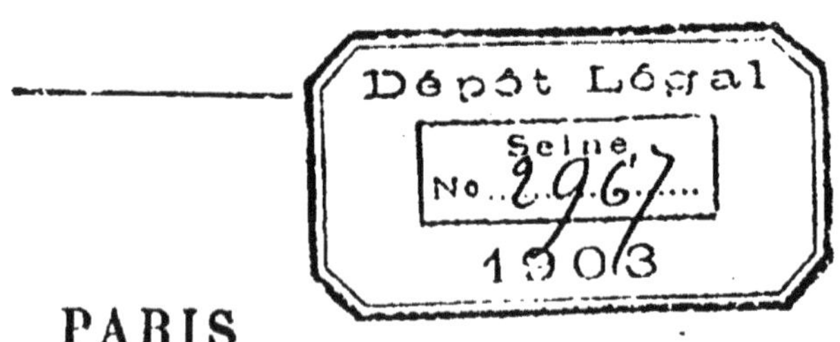

PARIS

GARNIER FRÈRES, LIBRAIRES-ÉDITEURS
6, RUE DES SAINTS-PÈRES, 6

INTRODUCTION

Objet de la Morale. — Son utilité. — Distinction de la Morale théorique et de la Morale pratique.

Il y a deux conditions pour être un honnête homme; il faut : 1° connaître son devoir, 2° avoir la force de le faire. Souvent on voit le bien, et par faiblesse on fait le mal. Mais il arrive aussi qu'on pèche par ignorance. Tel est le cas de l'enfant qui tourmente sans scrupule les animaux : d'ordinaire il ne le fera plus quand il aura compris que c'est mal.

La *Morale* apprend ce qu'il faut savoir pour devenir un honnête homme et un bon citoyen. Le mot même indique qu'elle a pour objet les mœurs (*morale* vient de *mores*, qui en latin signifie mœurs). Mais elle ne décrit pas les mœurs des hommes, comme l'histoire naturelle décrit les mœurs des animaux; elle indique ce que *doivent* être les mœurs et non ce qu'elles sont.

Elle nous fait connaître les devoirs que nous avons à accomplir dans les diverses circonstances.

de la vie. Aussi la définit-on *la science des devoirs.*

La *Morale scientifique* ou *naturelle* a été fondée par l'Athénien Socrate (400 av. J.-C.). Après lui, les principaux moralistes de l'antiquité sont, avant l'ère chrétienne, son disciple Platon, Aristote, Zénon le stoïcien, Cicéron le célèbre orateur romain ; après J.-C. Sénèque, l'esclave Epictète et l'empereur Marc-Aurèle.

Dans les temps modernes, citons surtout : Descartes, Malebranche et Leibnitz au xviie siècle. Montesquieu, Voltaire, J.-J. Rousseau, l'Écossais Adam Smith et l'Allemand Emmanuel Kant au xviiie siècle (1).

Quant aux *moralistes,* tels que La Rochefoucauld et La Bruyère, ce sont des littérateurs qui ont décrit les mœurs des hommes sans prétendre leur donner des règles.

Cette science de la morale est bien importante. Car il ne faut pas croire que chacun, sans avoir besoin de s'instruire, trouve dans sa conscience ou dans le *sens commun* une règle infaillible pour bien faire. Combien d'actes qui nous font horreur ont paru légitimes autrefois ! Chez les Romains, le père pouvait refuser d'élever son enfant, ou, quand il l'avait élevé, le vendre

(1) Les principaux ouvrages publiés sur la morale dans ces derniers temps en France sont : *le Devoir,* de J. Simon ; *la Science morale,* de Renouvier ; *la Philosophie du devoir,* de Ferraz ; *la Morale,* de P. Janet ; *les Problèmes de morale sociale,* de Caro ; *la Solidarité morale,* de Marion ; *l'Idée moderne du droit,* de Fouillée.

comme esclave. Sans aller si loin, il n'y a pas longtemps que dans nos colonies des hommes qui se croyaient très honnêtes possédaient des esclaves.

Aujourd'hui, parmi les gens les plus éclairés on discute encore sur la légitimité de certains actes comme le duel, sur les droits du père de famille ou du citoyen. On dit avec raison de certains criminels qu'ils sont égarés; c'est une opinion fausse adoptée sans examen, un préjugé qui a armé leur bras. Tel s'est figuré que l'inégalité des fortunes est contraire à la justice, tel autre qu'il est permis de se faire justice soi-même ou encore de faire le mal dans une bonne intention. Ajoutons que, quand on est dominé par l'intérêt ou quelque passion, comme celle de la vengeance, on se paie aisément de mauvaises raisons et l'on en vient à regarder comme permise et naturelle l'action que d'instinct on avait senti d'abord être mauvaise.

La morale a pour effet de détruire les préjugés dangereux et d'élever la conscience de tous au niveau de celle des plus honnêtes gens du temps. En ramenant à des formules précises les vérités morales confusément perçues par le *sens commun*, en montrant leur raison d'être, elle leur donne plus de clarté et empêche qu'elles ne soient aussi facilement obscurcies par la passion. Enfin, en conduisant à réfléchir sur le bien, elle le fait aimer davantage et donne plus de force pour le réaliser.

C'en est assez pour aborder cette étude avec attention et intérêt; à mesure qu'on avancera on en comprendra mieux l'importance.

La morale se divise en morale théorique et en morale pratique.

La morale pratique se compose des règles et des préceptes auxquels l'homme doit se conformer pour être vertueux.

La morale théorique fixe le but auquel la pratique de ces règles doit nous conduire. Ce but est le bien : elle définit le bien et le distingue des autres motifs des actions humaines. Elle fait la *théorie* du devoir en montrant *pourquoi* l'homme doit obéir à une loi qui n'est pas inscrite dans les codes et qui possède cependant une autorité souveraine d'où dérive le caractère obligatoire des règles de conduite formulées par la morale pratique. Nous énoncerons brièvement dans des *Notions préliminaires* les principes établis par la morale théorique pour arriver rapidement aux applications, c'est-à-dire à la morale pratique elle-même.

NOTIONS PRÉLIMINAIRES

CHAPITRE PREMIER

LA RESPONSABILITÉ MORALE. — LA LIBERTÉ. — LE BIEN.

I. LA CONSCIENCE ET LE SENTIMENT DE LA RESPONSABI-
LITÉ AVANT L'ACTION. — LE REMORDS ET LA SATISFACTION
INTÉRIEURE. — Il n'est pas nécessaire de prouver que
l'homme a des devoirs. On peut se tromper sur ses
devoirs, mais on ne peut douter qu'on en ait. Nous
nous savons et nous nous sentons responsables de

notre conduite. Devant certains actes dont l'idée se présente à nous, qui nous tentent, que matériellement nous pourrions faire, nous hésitons, nous reculons, parce que la conscience nous dit que c'est mal, qu'il est honteux de les faire; et, si nous surmontons nos hésitations et nos scrupules, nous éprouvons la honte alors, nous sommes humiliés de ce que nous avons fait; la voix intérieure qui nous avait avertis nous juge et nous condamne. Avant que personne ait connaissance de ce que nous avons fait, elle nous demande compte de notre action; elle prononce que pour avoir fait cette action que nous savions mauvaise, nous sommes coupables; et le sentiment de notre faute est une peine cuisante, une véritable *morsure* intérieure, le *remords*. Par exemple, un homme en a accusé un autre injustement : avant que la calomnie atteigne la victime, elle atteint d'abord et sûrement celui qui en est l'auteur, car « la malice s'empoisonne de son propre venin. » Si, au contraire, c'est une bonne action que nous avons accomplie, un sentiment délicieux, qu'on appelle la *satisfaction intérieure*, nous envahit. Dans cette action due à notre volonté, la bonté de notre âme éclate; nous sommes plus fiers de l'avoir faite que nous ne saurions l'être d'aucun avantage quelconque. Celui qui a la beauté physique ne la doit pas à lui-même et peut la perdre par quelque accident; mais la beauté morale, c'est à nous que nous la devons et nous ne pouvons la perdre que par nous-mêmes. L'action de l'homme de cœur qui a sauvé de la mort un de ses semblables est bien à lui, elle fait partie de lui-même, elle est l'ornement de sa vie, comme l'action infâme reste une tache indélébile dans celle du criminel. Tels sont les effets de la *responsabilité morale*.

Faits de conscience impliquant l'idée de la responsabilité de nos semblables. — Définition. — L'idée de la responsabilité morale apparaît dans les jugements que nous portons sur nos semblables comme dans ceux que nous portons sur nous-mêmes. Notre conscience *approuve* ou *réprouve* leurs actes comme les nôtres, et juge qu'ils sont dignes de *récompense* ou de *châtiment*. De là l'*estime* ou le *mépris* que nous avons pour eux, de là l'*horreur* que nous inspirent les criminels, le *respect* qui s'attache à la vertu, et notre *admiration* pour les héros. *La responsabilité morale est donc la nécessité où l'homme se trouve de rendre compte de ses actes et d'en éprouver les conséquences bonnes ou mauvaises* (1).

Principe et condition de la responsabilité. — Si l'idée et le sentiment de la responsabilité s'imposent ainsi à nous, c'est évidemment que nous croyons que nous avons des devoirs. Supposez que les actions des hommes fussent indifférentes, et qu'aucune ne fût défendue ou prescrite par une loi intérieure, elles ne pourraient être l'objet de l'approbation ou du blâme. L'enfant qui ne fait pas encore le discernement du bien et du mal est dans un état d'*innocence* où les joies comme les peines de la conscience lui sont inconnues. Nous ne blâmons pas les anciens de n'avoir pas accompli des devoirs dont ils n'avaient pas l'idée. Caton a eu des esclaves ; qui lui en ferait un crime? Le principe le la responsabilité est le devoir, et nous ne pouvons être responsables d'y avoir manqué que dans la mesure où nous le connaissions.

---

(1) En terme de droit, le mot *responsabilité* s'emploie dans un sens plus restreint: on appelle *responsabilité civile* l'obligation où se trouve un homme de réparer le dommage qu'un fait quelconque arrivé par sa faute a pu causer à autrui.

Mais il ne suffit pas de le connaître, il faut encore pouvoir l'accomplir. Pour qu'une action nous soit imputable (1), il faut qu'il dépende de nous de la faire ou de ne pas la faire. Si un fou, entraîné par une impulsion irrésistible, commet un crime, il est irresponsable (2); comme il ne s'appartient pas lui-même, on ne peut mettre sur son compte l'acte que son bras a commis, non sa volonté. On ne le traduit pas devant les tribunaux, on ne le condamne pas, on ne le traite pas en criminel. On l'enferme pour qu'il ne puisse plus nuire et on cherche à le guérir. S'il revient à la santé, il éprouve un *regret*, une tristesse du mal qu'il a fait qui ne peut se confondre avec le *remords*. Tel est le sentiment que chacun peut éprouver pour un accident dont il est l'auteur involontaire. On n'ira pas reprocher à un paralytique de ne pas courir au secours d'une personne en danger de périr, « à l'impossible nul n'est tenu ; » on ne peut davantage reprocher à un être agité d'une convulsion nerveuse le coup dont il a frappé son voisin. De même, la responsabilité d'un crime commis dans un transport de colère est moindre que s'il a été prémédité et commis de sang-froid. On admet alors les circonstances atténuantes. Tout ce qui détruit ou diminue la liberté supprime ou diminue la responsabilité. La *liberté* est la condition de la responsabilité comme le devoir en est le principe.

L'homme qui connaît le devoir parce qu'il a la

---

(1) L'imputabilité est le caractère d'une action dont celui qui la fait est responsable. Imputer une action à quelqu'un, c'est la mettre sur son compte et l'en rendre responsable.

(2) On a vu des fous demander à être enfermés, parce qu'ils sentaient venir le moment où ils ne pourraient plus résister à l'idée d'un meurtre qui s'imposait à eux. Mais il en est auxquels leur délire ne laisse pas même cette liberté.

raison, qui peut le réaliser parce qu'il a la liberté, est un être moral, on dit encore : une *personne*. La responsabilité morale est un attribut de la *personnalité humaine*.

II. DIFFÉRENTS SENS DU MOT LIBERTÉ. — Le mot *liberté* est pris dans diverses acceptions; il importe de déterminer le sens que nous lui donnons en morale.

1° LA LIBERTÉ PHYSIQUE. — On dit qu'un homme ou qu'un animal est libre lorsqu'il a la pleine disposition de son corps et peut agir sans obstacle ni contrainte. Il s'agit là de la *liberté d'action* ou *liberté physique*. Le prisonnier dans son cachot, l'oiseau dans sa cage en sont privés; elle manque aussi au malade qui est cloué dans son lit par le rhumatisme ou la paralysie : l'oiseau dans les forêts, l'homme qui peut aller et venir à son gré la possèdent.

2° LA LIBERTÉ CIVILE ET POLITIQUE. — On dit encore qu'un homme est libre lorsqu'il a la faculté d'exercer tous ses droits d'homme et de citoyen, c'est la *liberté civile et politique;* celle-là fait défaut à l'esclave.

3° LA LIBERTÉ MORALE. — La *liberté morale* est autre chose; elle peut subsister dans la maladie et dans les fers; elle résiste aux tyrans, et la force est impuissante contre elle. Elle apparaît au plus haut degré chez le martyr qui confesse sa foi au milieu des supplices. C'est *le pouvoir que nous avons de choisir entre deux partis contraires et particulièrement entre le bien et le mal.* De là l'expression de *libre arbitre* (du latin *arbitrium,* choix) dont on la désigne encore. Dire que la volonté est libre, c'est dire qu'elle se détermine sans contrainte à telle ou telle action, que ses résolutions viennent d'elle-même. Nous savons tous, au moment où nous prenons une résolution, qu'il dépend de nous de vouloir le contraire. C'est parce que nous le savons que nous avons du remords quand nous avons mal fait, que nous jugeons que l'auteur d'un crime est coupable et doit être puni. On conçoit que le loup se jette sur l'agneau, poussé par l'instinct, et il ne vient pas à l'idée de dire qu'il est injuste ou criminel, lui-même dort sans remords après avoir dévoré sa victime. Mais l'assassin n'agit pas sous l'irrésistible impulsion d'un instinct du meurtre ; et c'est pour cela que les sentiments qu'on éprouve à son égard sont si différents de ceux qu'on éprouve pour un animal ou pour un fou. Non seulement on se défend contre lui, mais on lui inflige un *châtiment.*

L'IDÉE DE LA LIBERTÉ INSÉPARABLE DE L'IDÉE DU DEVOIR. — ERREUR ET DANGERS DU FATALISME. — D'ailleurs, si l'on n'était pas libre on n'aurait pas l'idée du devoir. Une loi ne peut s'adresser qu'à des êtres capables de s'y conformer ou de l'enfreindre. Il serait absurde d'ordonner à un paralytique de courir aux armes, et il serait bien inutile de lui enjoindre de rester tranquille.

Tout cela est évident, mais il était nécessaire d'y insister, car on entend parfois répéter des phrases comme celles-ci : « A quoi bon se donner tant de peine, ce qui doit arriver arrivera quand même, » ou bien : « On ne se refait pas soi-même, » etc. Il y a des hommes qui sont *fatalistes,* ou plutôt qui ont des tendances au *fatalisme.* On appelle *fatalisme* (du latin *fatum,* destin) l'erreur de ceux qui nient la liberté et considèrent toutes les actions humaines comme l'œuvre d'une cause supérieure que les anciens appelaient le Destin ou la Nécessité. Si le fatalisme était vrai, l'homme ressemblerait à une machine dont tous les mouvements seraient réglés par celui qui l'a montée et qui lui a donné l'impulsion, il ne serait qu'un automate perfectionné : dès lors, il deviendrait inutile de lui indiquer un but à atteindre et la route à suivre pour s'en rapprocher.

Mais le fatalisme est faux et les moralistes qui s'adressent à l'homme comme à un être maître de lui-même ont raison. Le plus souvent le fatalisme est l'erreur des paresseux et des lâches. Dans une bataille, le soldat qui n'a pas de cœur à se battre dit : « A quoi bon ? nous serons fatalement battus ! » Et l'événement lui donne raison, car il n'a rien fait pour le conjurer ; mais le soldat courageux se dit : « La victoire est en nos mains ! » Fort de cette conviction, il combat avec ardeur, et il triomphe. Il en est de même dans la bataille de la vie ; celui qui croit que sa destinée est entre ses mains, qu'il dépend de lui d'être honnête et vertueux, puise dans cette confiance en sa liberté la force de triompher des tentations et des mauvais désirs.

III. LE BIEN. QUEL EST LE BUT DE LA VIE ? — L'homme est libre, il conçoit le bien, il a le devoir de le faire, il est vertueux quand il le fait.

Après avoir déterminé en quoi consiste la liberté, il faut éclaircir aussi les autres notions fondamentales de la morale. D'abord, qu'est-ce que le bien ? Il y a dans la vie un but à atteindre, toute action qui nous en rapproche est bonne, toute action qui nous en éloigne est mauvaise. Quel est ce but ?

DIFFÉRENTS SENS DU MOT BIEN. — Le bien, aux yeux de beaucoup, c'est le plaisir ; le mal, c'est la douleur : le plaisir, disent certains hommes, est le but de la vie ; pour bien vivre, il faut faire ce qui

plait (1) : ce qui est agréable est bien. — Le mot *bien*
a, en effet, dans le langage ordinaire, cette significa-
tion : on dit d'un homme qu'il vit bien lorsqu'il vit dans
le plaisir.

Mais il en a aussi une autre, car on dit également
d'un homme qu'il vit bien lorsqu'il est honnête, charitable, tempérant, travailleur. Si Sardanapale et Lucullus
vivaient bien, les Aristide, les Caton, les saint Vincent
de Paul ont bien vécu aussi. On ne voit donc pas le
bien seulement dans le plaisir, mais aussi dans la justice, dans le courage, dans le dévouement.

L'homme vertueux est-il l'homme de plaisir? Dans
quel sens le bien peut-il être pris comme règle d'action? C'est à la conscience de répondre. Or, la conscience répond : Ceux qui ont fait leur devoir, ceux
qui sont vertueux, ce sont ces grands hommes que
l'histoire célèbre comme les plus parfaits représentants
de l'humanité ; les héros qui, pour rester fidèles à la
bonne foi, pour défendre le droit et la vérité, pour
assurer l'indépendance de leur pays, pour soulager les
misères de leurs semblables, ont affronté les fatigues,
les dangers et la mort.

Quant à l'homme de plaisir, au sybarite, au débauché,
il n'est pas un objet de respect ou d'admiration, mais
de mépris. Loin de voir en lui l'homme le meilleur,
on l'a comparé aux animaux et aux animaux les plus
grossiers. Les Romains appelaient pourceaux d'Épicure
les disciples d'un philosophe qui donnait comme but à
la vie le plaisir.

(1) Rions, chantons, dit cette troupe impie;
    De fleurs en fleurs, de plaisirs en plaisirs,
      Promenons nos désirs.

   . . . .
Hâtons-nous aujourd'hui de jouir de la vie;
    Qui sait si nous serons demain?   (RACINE, *Athali*

L'AGRÉABLE N'EST PAS LE PRINCIPE DU DEVOIR. — Si l'agréable était le bien par excellence, nos sentiments moraux et nos notions morales seraient inexplicables. Nous nous sentons souvent obligés de ne pas faire ce qui nous plaît, de faire ce qui nous déplaît. Le devoir est pénible, s'oppose aux désirs, aux tentations et c'est sa raison d'être. Il n'y aurait besoin ni de liberté ni de raison pour accomplir une loi se résumant ainsi : Fais ce qui te plaît. L'instinct suffirait et il suffit chez l'animal. Le devoir est pénible et il y a du mérite à l'accomplir. Quel mérite pourrait-il y avoir à satisfaire tous ses désirs?

Nous comprenons que ce qui est un devoir pour l'un l'est aussi pour l'autre, et les actions que nous reprochons aux autres sont précisément celles que nous nous reprocherions à nous-mêmes. Mais chacun a des goûts différents et si le plaisir était le bien, le devoir changerait avec les hommes.

CONSÉQUENCES DE LA MORALE DU PLAISIR AU POINT DE VUE DU BONHEUR. — En somme, l'homme qui identifie l'agréable et le bien moral n'est pas un homme honnête; sera-t-il au moins un homme heureux et le chemin qui ne peut le conduire à la vertu le conduira-t-il au bonheur? Loin de là; en lâchant la bride à ses appétits et à ses passions il se précipitera dans des excès qui abrégeront sa vie et l'empoisonneront des maladies les plus cruelles. Quel est le sort qui attend l'ivrogne? Il a pourtant pris le plaisir pour guide. Au contraire, il faut s'imposer une contrainte salutaire, savoir supporter même une douleur vive comme celle d'une opération chirurgicale pour assurer sa santé. Ne songer qu'à jouir du présent sans songer à l'avenir, c'est agir comme l'enfant gâté qui, pour ne pas travailler et faire tous ses caprices, compromet le bonheur de touté sa vie; et encore, au lieu de ces plaisirs dont on saisit si avidement toute occasion qui se présente, on ne trouve bien souvent, au moment même, que l'ennui et le dégoût. La sagesse la plus vulgaire dit à chacun de préférer l'utile à l'agréable.

L'UTILE EST-IL LE PRINCIPE DU DEVOIR ? — Mais alors n'est-ce pas l'utile qui est le principe du devoir, et nos actions pour être bonnes ne doivent-elles pas être guidées par l'intérêt ? Cette opinion a été soutenue, et dans la pratique nous voyons les hommes s'en inspirer à tout instant. On travaille pour gagner de l'argent, parce que l'argent est utile, on économise par intérêt pour devenir riche, les gens sages vivent frugalement pour vivre longtemps et en bonne santé. Un propriétaire appelle le domaine qu'il possède son *bien*, n'est-ce pas l'utile qui est le bien ?

Le mot *bien* est, en effet, pris souvent pour désigner les choses utiles, comme il désigne les choses agréables. Mais l'utile est-il le vrai bien, le bien par excellence, peut-il être considéré comme le but de la vie vertueuse ?

Supposons qu'il en soit ainsi. L'homme de bien sera l'homme prudent et habile qui agit toujours au mieux de ses intérêts. Nous nous sentirons obligés de faire comme lui et nous aurons du remords si nous agissons autrement. Enfin la pratique universelle de cette règle devra assurer le règne de la vertu sur la terre.

LE BIEN EST DISTINCT DE L'UTILE. — Nous ne voyons pas que les choses se passent de la sorte. On peut être un habile homme et un fripon, et les fripons les plus habiles, ceux qui, à force d'astuce, savent se mettre à l'abri des rigueurs de la loi sont aussi les plus dangereux. Nous réservons, d'autre part, tous nos éloges, tout notre respect, pour les hommes qui sacrifient leurs intérêts à la patrie, à la liberté, à une noble cause. Nous admirons Régulus : qui prétendra qu'il était de son intérêt de retourner à Carthage pour garder son serment? Nous admirons d'Assas : qui soutiendra qu'il était utile pour lui de pousser le cri héroïque : A moi, Auvergne, voilà l'ennemi? Si le devoir repose sur l'intérêt, ces héros ont mal agi et les sentiments que nous éprouvons à leur égard sont inexplicables.

Ceux que nous éprouvons pour les criminels ne le sont pas moins. Car il n'est pas de voleur, d'assassin de profession qui ne pût dans ce cas se justifier en alléguant que sa conduite a été inspirée par l'intérêt. Pourtant on les juge coupables, on les condamne.

Nous sommes si loin de confondre l'utile et le bien, qu'il suffit qu'une action ait été faite par intérêt pour qu'il nous soit impossible de lui attribuer une valeur morale. Un marin, au péril de sa vie, vient de sauver des flots un homme qui allait périr, vous l'admirez; s'il vous disait qu'il ne l'a fait que pour gagner la prime de sauvetage, toute votre admiration tomberait, car elle s'adressait au dévouement et non à un calcul.

Quand il s'agit de notre propre conduite, nous savons très bien que l'utile n'est pas obligatoire. La prudence nous donne des conseils et non des ordres. Quand le devoir parle, c'est plutôt pour nous prescrire de sacrifier notre intérêt. Il dit au soldat de tout abandonner pour voler à la défense de la frontière menacée ; au magistrat, de rester intègre malgré les promesses et les menaces; c'est lui qui par la bouche d'Aristide ordonne aux Athéniens de s'abstenir d'une action utile, mais injuste, que leur conseillait Thémistocle (1).

(1) Il s'agissait, comme on sait, de brûler par surprise la flotte des alliés, ce qui eût assuré à Athènes la suprématie maritime.

En somme, le bien moral ne se confond pas plus avec l'utile qu'avec l'agréable.

L'homme de bien. — En quoi consiste le bien moral. — Ecoutons donc la voix de la conscience et plaçons le bien là où elle nous dit qu'il est. Ceux qui ont bien vécu, les modèles à suivre, ce ne sont pas les hommes de plaisir, ce ne sont pas les égoïstes plus raffinés qui renoncent au plaisir présent pour le plaisir à venir, ce sont les hommes du devoir ou du dévouement. Voilà les hommes le plus véritablement hommes, ceux qui ont possédé au plus haut degré les facultés qui nous élèvent au-dessus des brutes : la raison, le cœur, la liberté. Développer sa raison par l'étude au lieu de ne songer qu'au corps et aux plaisirs des sens, agrandir son cœur par la charité au lieu de se renfermer dans un égoïsme étroit, fortifier sa volonté dans la lutte contre les passions mauvaises ou contre les obstacles du dehors : voilà le bien. On ne peut en avoir l'idée sans reconnaître en même temps que c'est un devoir de le faire, que là est la loi de notre volonté, la loi morale.

CHAPITRE II

LE DEVOIR. — LE DROIT. — LA VERTU. — LES SANCTIONS DE LA LOI MORALE.

I. Le devoir et ses caractères. — L'obligation morale. — Le devoir est absolu. — Définition. — 1re formule. — Le devoir est désintéressé. — Distinction de la loi morale et des lois civiles. — L'intention.
Le devoir est méritoire.
Le devoir est universel. — Objection. — Réponse : la conscience ignorante et la conscience égarée. — 2e formule. — Préceptes qui en découlent.
3e formule. — Explication. — Dignité de la personne humaine.
II. Rapports du devoir et du droit. — Égalité des personnes. — Définition du droit.
Du droit que l'homme a de faire son devoir.
Le devoir n'est jamais en opposition avec le droit.
Devoir de faire aux autres le bien qu'ils n'ont pas le droit d'exiger de vous.
III. La vertu et ses degrés.
IV. La sanction de la loi morale.

I. LE DEVOIR ET SES CARACTÈRES. — L'OBLIGATION MORALE. — Le devoir est l'obligation de faire le bien. La loi morale oblige et ne contraint pas. La raison conçoit qu'il est nécessaire de faire son devoir, mais la volonté peut ne pas le faire, et quand elle le fait, elle le fait librement.

LE DEVOIR EST ABSOLU. — Selon le mot d'un grand philosophe, le devoir est un *impératif catégorique*, c'est-à-dire un commandement *absolu* et sans conditions. L'intérêt nous dira : si tu veux réussir, sois honnête. Le devoir nous dit : sois honnête parce qu'il est bien d'être honnête, parce que c'est un devoir.

Définition. — De là, cette définition : *le devoir est la nécessité d'obéir à la loi, par respect pour la loi.*

Première formule du devoir. — De là aussi ce proverbe, qui, dans sa simplicité, est une belle formule du devoir : « Fais ce que dois, advienne que pourra. »

Le devoir est désintéressé. — Distinction de la loi morale et des lois civiles. — L'intention. — Il n'est pas rare d'entendre de braves gens dire en refusant la récompense qu'on leur offre pour un trait de probité ou de dévouement : « J'ai fait mon devoir, cela me suffit. » Ceux-là ont un vif sentiment du devoir. Les lois civiles, celles que l'on trouve écrites dans les codes, disent : « Ne fais pas cela, respecte la propriété, la vie des autres, sinon tu iras en prison, tu seras condamné à mort... » La loi du devoir qui se fait entendre dans la conscience dit : « Tu ne feras pas le mal, tu ne tueras point. » Elle n'ajoute rien, il suffit que cela soit mal pour que l'on comprenne qu'on ne doit pas le faire. Celui qui ne s'abstiendrait de nuire à ses semblables que par peur de la police correctionnelle ou de la Cour d'assises, ne serait point vraiment un honnête homme. Eh quoi ! s'il était assuré de l'impunité il ferait donc tout le mal que la crainte du châtiment l'empêche de commettre? C'est dans l'intention de faire le bien, d'obéir au devoir que consiste la vertu, et non dans le désir d'obtenir une récompense ou d'éviter un châtiment.

Le devoir est méritoire. — Mais celui qui accomplit le devoir se rend digne d'une récompense, il la mérite. Le bien est désintéressé, le bien est méritoire, et il n'est méritoire que parce qu'il est désintéressé.

Le devoir est universel. — Le devoir, avons-nous dit, est un *impératif catégorique*, on comprend à présent ce que signifie cette expression un peu bizarre, mais énergique ; c'est aussi un *impératif universel*, en d'autres termes une règle prescrivant à tous les hommes les mêmes actes. Quand nous obéissons aux ordres de la conscience, nous comprenons que tous doivent y obéir de même. Tu resteras fidèle à ton serment, tu seras charitable, vous dit la conscience ; ces prescriptions ne sont pas faites seulement pour vous, mais pour moi, mais pour tous les hommes. Nous nous appuyons sur l'idée que nous avons du devoir pour juger des actions des autres, ce qui ne pourrait pas être si le devoir variait avec les individus.

OBJECTION. — RÉPONSE : LA CONSCIENCE IGNORANTE ET LA CONSCIENCE ÉGARÉE. — Une objection se présente : tous n'ont pas la même idée du devoir. Cela est vrai, mais tous ont l'idée du devoir ; en ce sens déjà, il est universel, mais de plus chacun conçoit que l'idée qu'il se fait de son devoir devrait s'imposer de la même manière à tous les autres. Il y a des consciences ignorantes, celle de l'enfant, celle du sauvage, qui ne comprennent pas encore certains devoirs, il y a des consciences égarées qui placent le devoir là où il n'est pas, dans la vengeance, par exemple ; mais une conscience droite ferait entendre à tous les mêmes ordres parce que le devoir est au fond le même pour tous, l'idée seule qu'on s'en fait varie, et encore les différences d'opinion en morale diminuent de plus en plus avec le progrès de la civilisation ; et le nombre des actions universellement approuvées ou universellement condamnées est chaque jour plus grand.

DEUXIÈME FORMULE. — Voici la formule qui exprime l'universalité de la loi du devoir : « Agis toujours d'après une règle telle que tu puisses vouloir qu'elle soit une loi universelle. »

Il y a là un moyen infaillible de reconnaître si ce qu'on va faire est bien ou mal. Demandons-nous si l'acte nous paraîtrait bon accompli par un autre que par nous, si nous voudrions que tous les autres fissent la même chose.

PRÉCEPTES QUI EN DÉCOULENT. — On trouve l'application de cette règle dans les préceptes suivants : « Ne fais pas aux autres ce que tu ne voudrais pas qu'il te fût fait à toi-même. » — « Fais aux autres ce que tu voudrais qu'il te fût fait à toi-même. »

Par exemple, il ne faut pas calomnier, car on ne voudrait pas être calomnié soi-même ; il faut être secourable car on voudrait soi-même être secouru dans le besoin.

Quand un enfant a fait du mal à un autre on lui dit : « Si on t'en faisait autant ? » et il reconnaît qu'il a tort. Le voleur lui-même sait très bien que le vol ne peut être érigé en loi universelle. Il reconnaît comme un devoir pour autrui le respect de la propriété et criera plus fort que les autres « au voleur ! » si on veut le dépouiller.

On trouve là encore une différence essentielle entre les lois civiles et la loi morale. Les lois civiles varient suivant les peuples, mais la loi morale est commune à tous.

TROISIÈME FORMULE. — EXPLICATION. — DIGNITÉ DE LA PERSONNE HUMAINE. — Quelle est donc la règle qui peut être érigée en loi universelle ?

Voici comment elle a été formulée : « Agis de telle façon que tu traites l'humanité, aussi bien dans ta propre personne que dans la personne d'autrui comme *fin* et jamais comme simple *moyen*. » Ces termes ont besoin d'être expliqués. Ici le mot *humanité* désigne les attributs essentiels de l'homme, les facultés qu'il possède en propre et qui l'élèvent au-dessus des autres êtres. Or, ce qui fait que l'homme est l'homme, c'est la raison par laquelle il discerne le vrai du faux, et le bien du mal, la libre volonté, enfin le cœur dans la haute acception du mot. C'est là ce qui constitue la personnalité, ce qui fait de l'homme un être à part dans la nature, au-dessus des êtres inanimés ou animés qui, n'étant ni libres ni raisonnables ne sont que des choses et peuvent être traités comme des *moyens* destinés à la réalisation d'une *fin*, c'est-à-dire d'un but supérieur. Le bien consiste dans le développement le plus complet possible de la personnalité. C'est le but vers lequel nous devons tendre. La personne humaine a une valeur, une dignité supérieure à tout. Qui voudrait des biens matériels, des jouissances physiques à condition de perdre la raison? de quel prix seraient donc le pouvoir, les commandements, la richesse, pour un être qui ne pourrait se gouverner lui-même? qui voudrait être un fou couronné? Pourtant on traite la personne humaine comme une chose inférieure lorsqu'on se sert de sa raison et de sa liberté pour faire des actes qui sont condamnés par la raison et qui diminuent la force de la volonté. L'ivrogne, par exemple, emploie son intelligence et sa volonté à se procurer de grossiers plaisirs qui détruisent sa raison et sa liberté. Il traite en lui-même l'humanité comme un moyen, il avilit en lui la dignité de la personne humaine.

Il ne suffit pas de respecter en soi-même la dignité de la personne humaine, il faut la respecter chez les autres.

Celui qui avait des esclaves traitait l'homme comme un animal, comme une chose; il se servait de leur intelligence et de leur volonté comme de moyens pour exécuter ses caprices et lui assurer les commodités et les plaisirs de la vie. C'est ce que fait aussi celui qui vole ou commet une injustice quelconque, il fait servir la personne humaine à la satisfaction de ses intérêts ou de ses passions.

Dire qu'il faut traiter l'humanité comme une fin, c'est dire qu'il faut respecter la dignité de la personne humaine en soi-même et dans les autres, et aussi qu'il faut chercher à réaliser l'idéal de l'humanité non seulement en nous perfectionnant nous-mêmes, mais en aidant les autres à accomplir comme nous leur destinée.

Nous avons l'obligation de faire tout le bien que nous concevons comme possible. Nous sommes responsables du mal que nous faisons et du bien que nous ne faisons pas. Les prescriptions du devoir sont négatives et positives. Il défend et ordonne. Ne fais pas le mal, fais le bien, voilà le double arrêt de la conscience.

II. Rapports du devoir et du droit. — Égalité de personnes. — Définition du droit. — Les hommes sont inégaux sous le rapport de la force, de la santé, de la beauté, de l'intelligence, de la richesse, mais si on les considère comme doués de liberté et de raison, comme des personnes, ils sont tous égaux.

La personne humaine est sacrée dans tous les individus, chez tous la liberté est inviolable. *L'inviolabilité de la personne humaine est ce qu'on appelle le droit.*

Il y a des rapports étroits entre le devoir et le droit. Le droit, comme le devoir, repose sur la dignité de la personne humaine.

Les autres doivent respecter en moi ce que j'ai le devoir de respecter moi-même; ils ne peuvent attenter à ma liberté dont je ne puis moi-même faire un usage indigne. Nous avons donc des droits pour la même raison que nous avons des devoirs.

DU DROIT QU'A L'HOMME DE FAIRE SON DEVOIR. — Chacun a le droit de faire son devoir ; il serait absurde qu'il ne l'eût pas. Le père a le devoir de donner l'éducation à son fils, il a donc droit à son obéissance. Sans l'obéissance de l'enfant l'éducation est impossible et par conséquent le devoir de la donner serait absurde.

LE DEVOIR N'EST JAMAIS EN OPPOSITION AVEC LE DROIT. — Le devoir ne commande jamais rien de contraire au droit. Ce ne peut être un devoir pour moi d'attenter à la liberté d'un autre homme, s'il n'a pas commencé lui-même par violer mon droit ou celui des autres.

Enfin on a le devoir de faire respecter son droit ; c'est un devoir de ne pas laisser avilir en soi la dignité de la personne humaine : j'ai le devoir, par exemple, de défendre ma liberté contre celui qui l'attaque. Celui qui donne aux pauvres une partie de ce qu'il possède n'abandonne pas son droit de propriété, il en fait le plus noble usage ; mais personne n'a le droit d'exiger de lui ce qu'il donne et il aurait le droit et le devoir de défendre sa propriété contre ceux qui l'exigeraient.

DEVOIR DE FAIRE AUX AUTRES LE BIEN QU'ILS N'ONT PAS LE DROIT D'EXIGER DE NOUS. — On voit par là que nous pouvons avoir le devoir de faire ce que les autres n'ont pas le droit d'exiger de nous.

Le pauvre, en effet, ne pourrait vous contraindre à le secourir sans attenter à votre liberté. Il n'y a pas de droit contre le droit, le droit de chacun est limité par le droit d'autrui.

III. LA VERTU ET SES DEGRÉS. — L'idée de la vertu est au nombre des notions essentielles de la conscience, elle est intimement unie à l'idée du devoir et à l'idée du bien. Celui qui obéit au devoir et fait le bien est vertueux. Celui qui use de sa liberté pour mal faire est vicieux. *La vertu est l'habitude du bien, le vice est l'habitude du mal.* La vertu est une habitude, car, comme l'a dit un moraliste ancien, un seul acte honnête ne fait pas plus la vertu qu'une hirondelle ne fait le printemps. Un criminel endurci peut avoir à un moment donné un bon mouvement et faire une action honnête; au contraire, les gens les plus honnêtes ont des défaillances, ils ne seront pas vicieux pour avoir désobéi à la loi du devoir.

La vertu a ses degrés comme toute habitude. La vertu parfaite consisterait à faire toujours tout le bien conçu par la raison. On est plus ou moins vertueux suivant que l'on se rapproche plus ou moins de cet idéal.

La loi morale a des applications diverses suivant les circonstances de la vie, le devoir se subdivise en plusieurs devoirs. De la pratique de ces devoirs naissent les vertus dont la réunion constituerait la vertu parfaite. Or, on peut avoir certaines vertus unies à certains vices ; on peut posséder différentes vertus à des degrés différents. Enfin, tous les devoirs ne sont pas également difficiles et importants : de là des vertus plus ou moins élevées.

Vertu, primitivement, veut dire *force*. Il faut une force plus ou moins grande suivant que l'obstacle à vaincre est plus ou moins fort lui-même.

Il y a des vertus communes et il y a des vertus sublimes. Sans les premières on est un malhonnête homme, avec les secondes on est un héros.

En général, il y a moins de mérite à ne pas faire le mal qu'à faire le bien. On ne loue pas un homme de n'être pas un voleur ou un assassin ; mais, s'il donne sa fortune ou sa vie pour sauver les autres, il est digne d'une gloire immortelle.

D'autre part, les mêmes actions accomplies par différents hommes ont plus ou moins de mérite suivant qu'elles ont été plus ou moins difficiles à accomplir. Il y a plus de mérite, par exemple, pour celui qui est dans la misère à rester honnête homme que pour celui qui est riche, parce que cela est plus difficile. Par suite, il y a plus de démérite aussi pour le dernier à être malhonnête ; car plus il est facile de ne pas faire le mal, moins on est excusable de le faire.

IV. Les sanctions de la loi morale. — Plus un homme a de mérite, plus sa vertu est grande et plus il nous paraît digne de bonheur. La conscience nous dit au contraire que le méchant doit être malheureux. Le bien doit être accompli pour lui-même, advienne que pourra ; mais la justice veut que la récompense — si on n'a pas agi pour l'obtenir — soit attachée à l'accomplissement du devoir, comme le châtiment à sa violation.

En d'autres termes, la loi morale doit avoir une sanction. On appelle sanction l'ensemble des récompenses et des peines attachées à l'accomplissement ou à la violation d'une loi.

La sanction des lois civiles ne comprend que des châtiments, la sanction de la loi morale comprend des châtiments et des récompenses. Sans entrer dans le détail nous dirons qu'on distingue : 1° la sanction intérieure (remords et satisfaction de la conscience) ; 2° la sanction de l'opinion publique (mépris et estime des autres hommes) ; 3° la sanction naturelle (conséquences heureuses ou malheureuses des actes bons ou mauvais ;

l'intempérance produit la maladie, la paresse, la misère ; la santé est le prix de la sobriété ; l'aisance, du travail); 4° sanction légale (peines infligées par les tribunaux aux criminels).

Ces diverses sanctions sont suffisantes pour qu'il soit permis d'affirmer que le plus sûr moyen d'être heureux en ce monde c'est d'être honnête ; mais elles ne sont pas infaillibles et le bonheur ne se mesure pas toujours, comme la raison le voudrait, à la vertu : celui qui meurt en se dévouant ne trouve pas par exemple sur cette terre la récompense de sa belle action; d'où la nécessité d'une sanction supérieure et parfaite dans la vie future.

Telles sont les notions essentielles sur lesquelles il convenait d'attirer l'attention avant d'aborder la morale pratique proprement dite (1).

(1) L'étude plus approfondie de ces principes est réservée pour le Cours élémentaire de Philosophie morale.

DEVOIRS DOMESTIQUES

CHAPITRE III

I. Division de la morale pratique.
II. Définition de la famille.— L'institution de la famille est naturelle.
   La famille et l'État. — Les devoirs domestiques ne sont pas en opposition avec les devoirs civiques.
   Les devoirs de justice et les devoirs de charité dans la famille.
   Division des devoirs domestiques.
III. Le mariage. — Ses caractères. — Devoirs concernant le mariage lui-même.

I. Division de la morale pratique. — La morale pratique détermine les applications particulières de la loi du devoir dans la vie humaine. Elle a pour objet *les devoirs*, et elle se divise en autant de parties qu'on peut distinguer de classes de devoirs.

Or, les actes que l'homme doit faire ou ne pas faire intéressent sa famille, ou sa patrie, ou la société prise au sens le plus général, c'est-à-dire tous les hommes sans dictinction, et même les êtres vivants inférieurs à nous qui sont encore doués de sensibilité, les animaux; ou bien ils ne concernent directement que lui-même, ou enfin ils ont pour objet le Dieu qu'il adore.

Aussi on reconnaît : 1° les Devoirs Domestiques; 2° les Devoirs Généraux de la vie sociale, comprenant les devoirs à l'égard des animaux; 3° les Devoirs Civiques; 4° les Devoirs personnels; 5° les Devoirs Religieux.

II. Définition de la famille. — La famille est l'association du mari et de la femme, auxquels viennent se joindre les enfants qui naissent d'eux. Ce mot est pris aussi dans un sens plus large, c'est lorsqu'il sert à désigner l'ensemble des individus ayant même aïeul ou encore même bisaïeul, oncles, neveux, cousins, tous ceux enfin qui ont des liens de parenté plus ou moins étroits : à l'époque des patriarches, ils menaient la vie commune, ce qui n'a plus lieu aujourd'hui d'habitude que pour le père, la mère et les enfants.

L'INSTITUTION DE LA FAMILLE EST NATURELLE. — La famille n'a pas toujours existé et n'existe pas chez tous les peuples sous la forme que nous lui voyons actuellement chez nous. Il y a même eu, il y a encore des tribus sauvages où la famille n'existe pas. Dans un tel état de barbarie, une société humaine ressemble à un troupeau d'animaux. Ce n'est pas là, comme on l'a dit quelquefois, l'état de nature. L'état naturel pour l'homme, c'est de vivre autrement que l'animal, et tout dans sa nature prouve qu'il est fait pour vivre en famille. La famille est indispensable au développement physique, intellectuel et moral de l'enfant. Il est incapable, pendant un temps beaucoup plus long que le petit de l'animal, de pourvoir à sa subsistance et à sa défense ; et il faut qu'il soit nourri et protégé par sa mère et par son père. Il a la raison, et son intelligence est bien supérieure à celle des animaux, mais sans l'éducation qu'il trouve auprès des siens, il ne pourrait en faire usage. Quel vide, enfin, dans son cœur s'il était privé des affections domestiques ! On sait assez combien sont à plaindre les orphelins et les enfants trouvés qui n'ont jamais connu les tendresses d'une mère.

Quand l'enfant a grandi, qu'il est devenu homme, et qu'il se sépare de la famille où il est né, la nature le pousse à en fonder une nouvelle. Il n'est pas fait pour vivre seul, et il aspire à faire pour ses enfants ce que ses parents ont fait pour lui. Ainsi se perpétue l'espèce humaine. Celui qui ne vit que pour lui vit mal ; non seulement il manque à ses devoirs, mais, au point de vue de son intérêt, il fait un mauvais calcul. Il est prouvé par la statistique (1) que, malgré les charges qu'apporte la famille, les gens mariés vivent plus longtemps et dans de meilleurs conditions de santé et de moralité que les célibataires.

LA FAMILLE ET L'ÉTAT. — Les devoirs domestiques ne sont pas en opposition avec les devoirs civiques.

On a fait pourtant à la famille cette objection qu'elle est contraire aux intérêts de la patrie. L'amour de la famille, a-t-on dit, est un égoïsme à plusieurs, il engendre les rivalités entre concitoyens et les détourne de consacrer leur vie au bien de l'État. C'est ce qu'ont soutenu certains communistes qui rêvaient que les enfants fussent mis en commun, comme les biens, et élevés par l'État. Le bon sens proteste contre une pareille théorie, et il suffit de jeter un coup d'œil sur l'histoire pour comprendre qu'ils sont dans l'erreur. Précisément, les peuples les plus civilisés et les plus prospères sont ceux où la famille existe et où les vertus domestiques sont le plus développées. A Rome, la fortune publique décrut en même temps que l'esprit de famille ; en effet, la décadence des vertus civiques suit celle des vertus domestiques.

Il y a, il est vrai, des cas où l'amour de la famille et l'amour de la patrie paraissent en antagonisme. Par exemple, si l'ennemi envahit la frontière, le patriotisme ordonne de prendre les armes et d'abandonner sa famille, qui pourtant a besoin, surtout alors, d'un soutien et d'un défenseur.

(1) J. Bertillon, *la Statistique humaine :* « sur 1,000 hommes de 25 à 30 ans, il meurt 10 célibataires contre 6 hommes mariés. » Il faut remarquer, toutefois, que les célibataires peuvent ne s'être pas mariés parce qu'ils étaient d'un tempérament maladif.　　2.

Ce n'est là qu'une apparence : le meilleur moyon de protéger les siens, c'est d'unir ses efforts à ceux de ses concitoyens pour sauver le pays. Au contraire, c'est dans la famille qu'on fait l'apprentissage des vertus civiques. La patrie est d'autant plus chère et on a d'autant plus de cœur à la défendre qu'elle contient le foyer domestique, qu'elle renferme nos plus chères affections. Il faut aimer, dit-on, la patrie comme une mère, ses compatriotes comme des frères ; mais cela suppose qu'on sait, pour l'avoir éprouvée, ce qu'est l'affection filiale et l'affection fraternelle. La famille est une école de dévouement; les sacrifices quotidiens qu'exige la vie domestique préparent aux sacrifices de la vie sociale.

Rapports des devoirs domestiques et des devoirs civiques. — Dans un sens on doit plus à la patrie qu'à la famille, et dans un autre, les devoirs envers la famille sont plus étroits que les devoirs qu'on a comme citoyen.

« Je dois plus, a dit un moraliste, à l'humanité qu'à ma patrie, à ma patrie qu'à ma famille, à ma famille qu'à mes amis, à mes amis qu'à moi-même. » Cela veut dire que, de même qu'on ne doit pas manquer à un devoir d'humanité, sous le prétexte d'être utile à sa patrie, on ne doit pas trahir ses devoirs envers la patrie, sous prétexte d'être utile à sa famille. Celui qui vendrait son pays à l'étranger pour accroître le bien-être de sa famille serait évidemment infâme.

Mais je dois plus, d'autre part, à un compatriote qu'à un homme quelconque, à un membre de ma famille qu'à un de mes concitoyens pris au hasard.

Plus les liens qui m'unissent à une personne sont étroits, plus j'ai d'obligations envers elle. Je dois, en effet, à mes parents tout ce que je dois aux personnes en général, et en outre quelque chose de plus en tant qu'ils composent ma famille.

LES DEVOIRS DE JUSTICE ET LES DEVOIRS DE CHARITÉ DANS LA FAMILLE. — Je leur dois plus et cela de deux manières. D'abord j'ai à leur égard, outre les devoirs généraux de la vie sociale, des devoirs particuliers résultant des rapports du père au fils, du mari à l'épouse, etc. En second lieu, les devoirs généraux de la vie sociale sont plus impérieux et leur violation est plus coupable lorsque c'est un proche qui en est l'objet.

L'assassinat, en général, est un crime odieux, mais l'assassinat d'un père, le parricide, est mille fois plus odieux encore et il n'y a pas d'expression pour qualifier un pareil forfait, de circonstances pour l'atténuer. La médisance, en général, est mauvaise, mais médire d'un père, d'une sœur, c'est doublement mal. Il est mal de refuser son aide à un homme dans le besoin et la charité est obligatoire, mais c'est un véritable crime de refuser du pain à la mère qui vous a nourri. Ici la distinction des devoirs de justice et de charité disparaît; et la loi qui, nous l'avons vu, ne contraint personne à la bienfaisance proprement dite, force le fils assez dénaturé pour oublier ce devoir sacré, de donner, suivant l'expression consacrée, une pension alimentaire à ses parents dans le besoin.

DIVISION DES DEVOIRS DOMESTIQUES. — Les devoirs domestiques se divisent naturellement d'après les rapports auxquels donne lieu la vie de famille et l'on distingue : les devoirs des époux entre eux, les devoirs des parents envers les enfants, les devoirs des enfants envers les parents, les devoirs des frères et sœurs entre eux, les devoirs des autres membres de la famille entre eux suivant les divers degrés de parenté.

Enfin, comme les serviteurs sont intimement mêlés à la vie de famille et font partie de la maison, on comprend quelquefois dans les devoirs domestiques les devoirs des maîtres et des serviteurs. Mais ces devoirs pourraient aussi bien rentrer dans les devoirs généraux de la vie sociale comme les devoirs réciproques du patron et de l'ouvrier.

La première condition de la famille est le mariage ; il convient donc de commencer par les devoirs du mariage.

III. LE MARIAGE.— SES CARACTÈRES. — Le mariage est un contrat solennel par lequel l'homme et la femme s'associent pour partager les joies et les douleurs de la vie et en accomplir en commun les devoirs. Ce contrat a lieu par consentement mutuel devant le magistrat représentant la société, qui l'inscrit sur les registres de l'état civil.

Le mariage se fait à la mairie. Les fidèles le font bénir ensuite à l'église, mais cette seconde cérémonie, qui existait seule avant la Révolution, alors que le prêtre était officier de l'état civil, n'est plus aujourd'hui exigée par la loi. Elle rentre dans les obligations imposées par chaque religion particulière, et dans lesquelles l'Etat n'a pas à intervenir.

L'unité est une condition essentielle du mariage, qui doit être l'association de l'homme avec une seule femme. Cette condition est exigée à la fois par la morale et par la loi. Les peuples *polygames*, c'est-à-dire où l'homme peut avoir plusieurs femmes traitent la femme d'une manière incompatible avec la dignité de la personne humaine et la maintiennent dans une sorte d'esclavage. La polygamie est en outre contraire à l'intérêt des enfants et à celui de la société. L'histoire prouve qu'elle est une cause de décadence pour un Etat; c'est un reste de barbarie qui tend à disparaître dans les pays où il existe encore. La loi française punit des travaux forcés le bigame, c'est-à-dire l'individu qui par fraude a contracté un second mariage du vivant de sa première femme.

Par nature, le mariage est indissoluble. Mais ici une distinction est nécessaire. Quand on donne sa foi, c'est pour la vie et non pour tant d'années, le contrat est considéré comme définitif. Mais il y a des peuples chez lesquels, à la suite de causes graves et exceptionnelles, l'union conjugale peut être déclarée dissoute par le divorce à la suite d'une procédure déterminée.

Chez nous le divorce introduit par la loi du 20 septembre 1792, puis supprimé par celle du 8 mai 1816, a été rétabli par la loi du 27 juillet 1884. Dans l'ancienne Rome le divorce, trop facile, avait donné lieu à des abus qui avaient porté une atteinte funeste à la famille. Le divorce, là où il existe, ne saurait être qu'une exception.

Devoirs concernant le mariage lui-même. — Le mariage est l'acte le plus grave de l'existence. Le bonheur de la vie entière des deux époux y est engagé, et aussi celui des enfants qui peuvent naître d'eux. C'est dire qu'il ne saurait être contracté avec trop de réflexion et de prudence. On peut dire que les devoirs du mariage commencent avec le choix que les époux font l'un de l'autre.

Ce choix ne doit pas être guidé par des considérations étrangères au but de l'union conjugale. Ce but était méconnu autrefois dans le mariage des princes lorsqu'il se faisait dans un intérêt politique, pour sceller, par exemple, un traité de paix sans que l'on tînt compte de la proportion des âges ni de l'accord possible des caractères. Dans les familles aristocratiques le mariage était aussi trop souvent l'union de deux noms ou de deux fortunes plutôt que l'union de deux cœurs. « Il faut bien fumer ses terres, » disait une marquise de l'ancien régime dont le fils ruiné avait fait un riche mariage avec une roturière. Le plus humble citoyen doit avoir aujourd'hui plus de respect de lui-même et de la personne qu'il épouse que ce gentilhomme.

Un honnête homme n'achètera jamais une fortune au prix d'un mensonge et n'épousera jamais qu'une femme qu'il estime et qu'il peut aimer. C'est faire une action laide, indigne et basse que d'épouser une femme qu'on méprise ou pour laquelle on sait ne pouvoir jamais éprouver d'affection, soit pour « fumer ses terres », soit pour acheter un fonds de commerce ou une charge quelconque.

L'individu n'a pas le droit, en se mariant, de ne songer qu'à lui, il doit se préoccuper aussi du bonheur de la personne qu'il associe à sa destinée. Quel supplice plus grand pour celle-ci que de vivre avec un homme dont elle ne pourra gagner le cœur et qui ne l'aura pas épousée pour elle-même (elle s'en apercevra bientôt), mais pour sa fortune.

Enfin, on doit s'inquiéter aussi avant de se marier de l'avenir des enfants et de la situation qui leur sera faite. Sans doute on ne leur doit pas la fortune, mais il ne faut pas leur infliger la misère : il faut être en état de subvenir aux besoins de sa famille ; pour cela il n'est pas nécessaire d'être riche, mais d'avoir un métier, une profession.

Le souci de la famille future exige encore qu'on tienne compte d'une condition importante entre toutes et souvent trop négligée : la santé. L'hérédité de certaines maladies terribles est un fait acquis. Quelle responsabilité d'appeler à la vie des êtres voués fatalement à des infirmités incurables, à la folie, à une mo t prématurée !

Ces réserves faites, — pour l'homme bien portant, en état de gagner sa vie, assez heureux pour rencontrer une personne capable de lui inspirer estime et affection et qui consent à unir sa destinée à la sienne, — le mariage est un devoir. Si on ne doit pas le contracter par égoïsme, il ne faut pas non plus par égoïsme s'y soustraire.

Le mariage est un devoir sacré, surtout lorsqu'on en a fait la promesse. Il est indigne de voir des jeunes gens se faire un jeu de rompre sans motif légitime un engagement aussi grave. Il dépendait d'eux de ne pas inspirer d'abord l'amour et l'espoir du mariage, il ne dépend plus d'eux de manquer pour des raisons égoïstes à la parole donnée. Il n'est pas rare de voir la jeune fille abandonnée ainsi se tuer dans un accès de désespoir. Qui oserait dire qu'en pareil cas le parjure est innocent de sa mort ?

CHAPITRE IV

1. DEVOIRS COMMUNS AUX DEUX ÉPOUX. — DEVOIRS PARTICULIERS. — Le Code civil résume ainsi les devoirs respectifs des époux : « Les époux se doivent mutuellement fidélité, secours, assistance. » — « Le mari doit protection à sa femme, la femme obéissance à son mari. »

Il y a donc des devoirs communs aux deux époux et des devoirs particuliers à chacun d'eux. Les devoirs communs se résument en deux mots, fidélité et dévouement. La fidélité, on l'a promise dans l'engagement solennel qu'on a pris devant la société et devant Dieu ; s'il est d'un malhonnête homme, en toute circonstance, de manquer à sa parole, la faute est particulièrement grave dans celle-là, car elle peut causer d'une manière irréparable le malheur de la personne offensée, et même celui des enfants, qui souffrent fatalement quand la paix du ménage est troublée.

Dans cette association, où tout a été mis en commun pour la durée de la vie, l'égoïsme serait aussi une violation des engagements pris ; manquer de dévouement serait manquer de justice.

Le dévouement se manifeste différemment chez les deux époux, par la manière dont chacun accomplit ses devoirs particuliers.

Le mari doit protection à sa femme, dit le Code ; — dans nos sociétés civilisées, il est rare que cette protection ait à s'exercer par la résistance opposée à l'insulte et à la violence. Si cela arrivait cependant, celui-là serait le dernier des lâches qui hésiterait à verser jusqu'à la dernière goutte de son sang pour la femme qui s'est mise sous sa garde. Mais la lutte pour l'existence a pris une autre forme. L'ennemi, dans nos sociétés policées, c'est la faim, c'est la misère ; l'arme pour le combattre est le travail. L'homme, d'ordinaire, est plus fort que la femme et mieux armé pour la lutte par son éducation. Il doit employer toute l'énergie possible à assurer le pain et l'aisance à son ménage. La paresse serait encore une lâcheté. Que dire des misérables qui dissipent en dépenses égoïstes et pour des plaisirs honteux le bien de leur femme et la contraignent, elle qui est plus faible, elle que la nature n'a pas destinée à ce rôle, à gagner, dans des travaux pénibles, le pain de la famille ? (1)

FONDEMENT ET LIMITES DE L'AUTORITÉ CONJUGALE. — Le mari est responsable du bien-être de la maison et de la fortune commune. Là est le fondement de son autorité, le devoir suppose le pouvoir. Voilà pourquoi la femme doit obéissance, voilà pourquoi elle est con-

(1) Jusque dans ces derniers temps, l'époux survivant n'était appelé à hériter de son conjoint qu'à défaut de parents au degré successible, le 12e. Le législateur reconnaissant combien était injuste la cessation, après la mort, de l'assistance que se doivent les époux durant leur union a, par une loi du 9 mars 1891 (nouvel article 767 du code civil), fait la part du mari ou de la femme dans la succession de son conjoint.

trainte d'accepter les décisions que le père de famille a cru devoir prendre dans l'intérêt commun, de le suivre, par exemple, dans la résidence qu'il a choisie. Mais cette autorité ne doit pas s'appuyer sur la violence ni dégénérer en tyrannie. L'autorité du mari n'est légitime qu'autant qu'elle s'exerce par l'ascendant de la raison ét au moyen de la persuasion. La vie commune n'est possible que par des concessions mutuelles, et l'homme qui, par égoïsme, par esprit de domination, s'habituerait à toujours parler en maître, non seulement serait injuste, mais corromprait dans sa source son bonheur domestique. Il ne peut y avoir de véritable affection qu'entre égaux; la subordination de la femme au mari résulte de la diversité des aptitudes et de la division nécessaire du travail, mais non d'une inégalité naturelle. La preuve, c'est que la femme a son empire à elle, où il serait aussi injuste que ridicule de lui disputer l'autorité : cet empire est le ménage. Là elle retrouve naturellement sa supériorité par ses qualités de patience, d'ordre et d'économie. Son obéissance dans les autres questions n'exclura pas la discussion, le débat en commun des intérêts de la maison; en cas de dissentiment, la prépondérance de la volonté du mari n'aura rien d'humiliant pour elle, car elle résulte de la hiérarchie inévitable dans l'association conjugale.

II. Devoirs des parents envers les enfants. — « Les époux, dit le Code, d'accord avec la morale, contractent ensemble, par le fait seul du mariage, l'obligation de nourrir, entretenir et élever leurs enfants. »

L'enfant en arrivant au monde est un être faible, incomplet à tous égards, incapable de se suffire à lui-même. Il est évident que c'est aux parents qui l'ont appelé à la vie de pourvoir à ses besoins. Ils en sont responsables. Il n'est que l'ébauche de la personne future; c'est à eux d'achever leur œuvre et de faire de cet être imparfait un homme dans toute la force du terme, capable de vivre par lui-même et de fonder une famille à son tour. Là est le but de l'éducation.

L'ÉDUCATION. — On peut distinguer l'éducation physique, l'éducation intellectuelle et l'éducation morale.

EDUCATION PHYSIQUE. — La mère doit d'abord nourrir l'enfant de son lait, quand elle le peut, veiller sur sa santé, lui donner tous les soins qu'exige sa faiblesse. Ensuite, non seulement les parents lui doivent le pain quotidien, mais ils ont le devoir encore d'assurer le complet développement de ses forces physiques. Longtemps on a fait trop bon marché de cette partie de l'éducation, elle a été laissée au hasard, et beaucoup de paysans savaient beaucoup mieux élever un bœuf ou un cheval qu'un enfant. Il faut suivre les règles de l'hygiène, qui prescrivent l'usage de certains aliments, de certains vêtements pour l'enfant; il faut donner l'attention qu'ils méritent aux exercices corporels : l'éducation peut beaucoup pour la vigueur de la constitution, et il dépend en grande partie des parents d'assurer pour l'avenir la santé des leurs.

L'ignorance et l'imprudence du père ou de la mère ont fait, au contraire, bien des victimes dans le jeune âge.

ÉDUCATION INTELLECTUELLE OU INSTRUCTION. — L'éducation intellectuelle, qu'on appelle proprement l'instruction, a un double but : 1° assurer le développement des facultés de l'esprit, mémoire, raisonnement, etc., comme la gymnastique assure le développement des forces du corps : 2° munir l'enfant des connaissances nécessaires à la vie et en particulier des connaissances professionnelles. Il faut lui mettre dans la main l'outil qui lui permettra de gagner sa vie, c'est l'héritage le plus précieux qu'on puisse lui laisser. Les parents doivent se guider dans le choix d'une profession pour l'enfant, d'une part sur leur propre situation, sur leurs ressources pécuniaires, d'autre part sur ses facultés et sur ses goûts.

EDUCATION MORALE. — Enfin, il faut former le cœur de l'enfant et sa volonté ; cette partie de l'éducation n'est pas la moins importante. Un enfant *mal élevé* est destiné à être à charge à lui-même et aux autres. Céder à tous ses caprices, le *gâter*, suivant l'expression consacrée et qui est très juste, c'est moins une preuve de tendresse qu'une preuve de faiblesse. « Qui aime bien châtie bien, » dit un proverbe. Et il a du bon : non qu'on doive traiter l'enfant comme s'il était foncièrement mauvais et corrompu par nature ; c'est là une opinion fausse à laquelle on a renoncé aujourd'hui : une sévérité excessive ne serait pas moins funeste qu'une trop grande indulgence ; mais on doit l'habituer à la discipline, on doit lui faire voir la vie telle qu'elle est, avec ses difficultés et ses devoirs, on doit le contraindre au travail, qui lui assurera, pour l'avenir, les plus grandes jouissances et fera de lui un citoyen utile à la société.

DEVOIRS DE PRÉVOYANCE. — Les parents, s'ils sont sages, ne songeront pas seulement au présent ; ils doivent prévoir le cas où ils seraient ravis à l'affection de leurs enfants avant d'avoir accompli leur tâche. Aussi, est-ce encore un devoir d'économiser pour eux ; les institutions de prévoyance, telles que les assurances sur la vie, facilitent aujourd'hui l'accomplissement de ce devoir. La parole de Louis XV

« après moi, le déluge ! » ne serait pas moins honteuse dans la bouche d'un père que dans la bouche
d'un roi.

L'IMPARTIALITÉ. — Les parents doivent à tous leurs
enfants les mêmes soins, la même affection. Si l'égalité doit exister quelque part, c'est bien dans la
famille, entre frères. Sans doute, on peut avoir de secrètes préférences pour ceux qui sont mieux doués,
dont le caractère est meilleur ou plus affectueux ; on
n'est pas absolument maître de ces sentiments. Mais
la conduite ne doit pas s'en ressentir, il faut pour
tous le même poids et la même mesure. L'enfant est
extrêmement sensible, et de très bonne heure, aux petites injustices, il en souffre cruellement ; la jalousie,
qui, malheureusement, se développe parfois sans raison,
est un supplice atroce et dont on meurt. Il faut bien se
garder de la faire naître et de la justifier par des préférences avouées. Si un enfant est disgracié de la nature, il serait odieux d'aggraver pour lui les rigueurs
du sort.

FONDEMENT ET LIMITES DE L'AUTORITÉ PATERNELLE. —
Dire les devoirs des parents envers les enfants, c'est
déterminer en même temps le fondement et les limites
de leur autorité. Ici encore, le devoir suppose le pouvoir : il faut qu'ils aient l'autorité nécessaire pour accomplir l'œuvre dont ils sont responsables. Ils ont
droit à l'obéissance des enfants, parce que sans cela
l'éducation serait impossible. L'autorité du père et de
la mère repose sur le devoir qu'ils ont à remplir. On
dit : l'autorité *paternelle*, mais elle est commune à
l'un et à l'autre. En cas de dissentiment, c'est la
volonté du chef de la famille qui l'emporte ; mais
ce n'est là qu'une exception, et les parents font en
sorte, d'ordinaire, que l'obéissance à l'un ne soit pas

une désobéissance envers l'autre. Si le père meurt, la mère exerce seule l'autorité paternelle.

Les limites de l'autorité des parents sont les mêmes que celles de leurs devoirs. C'est dans l'intérêt de l'enfant qu'ils l'exercent, c'est par ses droits qu'elle est limitée. L'enfant n'est pas, aux mains du père, comme une chose ou comme un esclave ; c'est une personne, et il doit être traité comme tel. Le père est responsable devant sa conscience et devant la société de la manière dont il agit à son égard. Le Code garantit l'autorité paternelle en lui permettant, lorsqu'il a « des sujets de mécontentement très graves », de faire arrêter par la police et détenir dans une maison pénitentiaire l'enfant indocile. Mais il la limite aussi, il punit comme des crimes l'abandon, la séquestration arbitraire, les mauvais traitements capables de compromettre la santé. La loi de l'instruction obligatoire contraint le père de famille à donner ou faire donner à l'enfant l'enseignement élémentaire. Il lui défend de le déshériter. Enfin, à sa majorité, c'est-à-dire à vingt et un ans, le jeune homme ou la jeune fille peut quitter la domicile paternel et vivre à sa guise ; un peu plus tard, à vingt-cinq ans, le fils peut même se marier, après certaines formalités, sans le consentement du père. Toutes ces dispositions de la loi n'ont pas pour but d'affaiblir l'autorité paternelle, mais d'en empêcher les abus. La plupart du temps, les sentiments que la nature inspire aux parents rendent ces dispositions inutiles, mais l'histoire et l'expérience prouvent qu'il était nécessaire de donner force de loi aux prescriptions de la conscience, et de suppléer par des obligations sociales aux lacunes et aux aberrations du sentiment paternel.

HISTORIQUE DE LA PUISSANCE PATERNELLE. — Les rapports des parents et des enfants n'ont pas toujours été ce qu'ils sont aujourd'hui. Sans parler de ce qui s'est passé et de ce qui se passe chez les peuples sauvages, ouvrons l'histoire romaine : nous y voyons que l'autorité des pères sur leurs enfants était sans limites et durait toute la vie ; ils avaient le droit de refuser de les élever et de les exposer aussitôt après leur naissance dans un endroit désert ; ils pouvaient, à tout âge, les soumettre aux plus cruels châtiments, les vendre comme esclaves et les mettre à mort ; tant que vivait son père, le fils, même marié, même père de famille et revêtu d'une magistrature publique, n'était jamais majeur : il restait soumis à la juridiction domestique. On donne à cette constitution de la famille le nom de régime patriarcal ; il existait dans ses caractères essentiels chez les Indiens, chez les Perses, chez les anciens Hébreux. Plus tard, pendant le moyen âge et jusqu'à la Révolution, l'autorité du père, quoique moins étendue, était encore excessive. Au XIII° siècle, il avait le droit, avant même que l'enfant fût né, de le consacrer à l'état monastique. Au XVII° et au XVIII° siècle, il pouvait encore le faire mettre en prison ou au couvent, pendant des années, au moyen d'un ordre royal ou *lettre de cachet*, que les gentilshommes obtenaient aisément. C'est ainsi que Mirabeau, le grand orateur de la Révolution, fut, dans sa jeunesse, détenu par la volonté de son père, pendant quarante-deux mois, au donjon de Vincennes ; et Mirabeau n'avait commis aucun crime, il était aimé au contraire de tous ses parents, sauf de celui qui fut pour lui non un père, mais un tyran.

La liberté de tester (1) était illimitée et le droit

(1) *Tester*, disposer par testament de ses biens. — Aujourd'hui les parents ne peuvent déshériter complètement leurs enfants. Ils n'ont

d'aînesse était généralement en usage, c'est-à-dire que le fils seul, au détriment des filles, l'aîné au détriment du cadet, héritait des titres et de la fortune de ses parents; en outre, les malheureux déshérités étaient, dans beaucoup de familles, négligés et durement traités du vivant de leurs parents. L'inégalité était au foyer domestique comme dans l'Etat.

La Révolution française a rétabli la famille sur ses véritables bases, et, en supprimant l'arbitraire, elle n'a fait que consolider l'autorité légitime du père de famille, qui est moins redouté aujourd'hui, mais plus véritablement respecté et aimé qu'il n'était autrefois. Ce qu'elle avait laissé à faire pour la protection de l'enfance s'accomplit chaque jour sous nos yeux ; une loi a limité la durée du travail des enfants dans les manufactures; la loi sur l'instruction obligatoire date de 1882, celle sur les enfants moralement abandonnés de 1889.

Le progrès des mœurs n'est pas moindre que le progrès de la législation et tend de plus en plus à rendre inutiles, dans l'immense majorité des cas, les dispositions restrictives de la puissance paternelle. Les parents pêchent peut-être plus souvent, aujourd'hui, par excès d'indulgence que par excès de rigueur, et ont plutôt à lutter contre une tendresse aveugle que contre un égoïsme despotique, pour accomplir leur devoir.

III. Devoirs des enfants envers les parents. — L'obéissance. — En traitant des droits des enfants, dans un ouvrage destiné à la jeunesse, nous nous

par testament la libre disposition que d'une partie de leur fortune, appelée la *quotité disponible*, de la moitié s'il n'y a qu'un enfant, du tiers s'il y en a deux, du quart s'il y en a trois ou davantage. S'ils meurent sans testament, leurs biens sont partagés également entre tous leurs enfants.

sommes adressé aux pères de famille futurs. Mais
ce sont les parents et non les enfants qui sont juges
des limites de l'autorité paternelle. Les enfants doivent se pénétrer de l'idée de l'autorité paternelle,
non pour disputer sur son étendue, mais pour donner
à leurs parents une obéissance raisonnée et un respect volontaire. La raison s'accorde avec le cœur
pour leur dicter leur devoir. Les parents ont la raison,
ils ont l'expérience, ils ont la tendresse et le dévouement : que de motifs de leur obéir! Se soustraire à
leur autorité, c'est sottise, car celui qui désobéit à la
raison est un sot; c'est faiblesse, car la véritable force
consiste à vaincre ses mauvais sentiments, sa paresse
par exemple, et non à résister à l'autorité légitime ;
pour savoir commander un jour, il faut d'abord savoir
obéir; c'est ingratitude, car c'est faire de la peine à
ceux qui vous aiment, qui vous ont comblés de bienfaits et qui ne cherchent que votre bien. L'obéissance
envers les parents implique l'obéissance envers le
maître, qui est, à l'école, le représentant des parents.

LES TROIS PÉRIODES DE LA VIE DE L'ENFANT. — On
peut distinguer trois périodes dans la vie de l'enfant.
La première comprend les années où il est absolument incapable d'agir par lui-même; d'instinct
alors il s'abandonne aux soins tutélaires de la famille,
ou s'il a déjà quelques petites révoltes, c'est sans bien
savoir encore ce qu'il fait.

Puis vient ce qu'on appelle, d'un terme un peu ambitieux, l'âge de raison (sept ans, huit ans, plus ou
moins, on ne peut fixer de limites précises); la raison s'éveille, la volonté commence à s'affirmer,
mais aussi les passions mauvaises se font jour. C'est
alors que commencent les devoirs pour l'enfant, parce
qu'il est capable de les comprendre, et parce qu'il

éprouve les premières tentations. Précédemment, il était innocent, incapable de bien comme de mal; le voilà responsable. Il est porté à abuser de sa liberté naissante; mais pour devenir ce qu'il croit être déjà, pour pouvoir voler de ses propres ailes, il a besoin d'être soutenu, conseillé, protégé contre lui-même pendant de longues années. La période qu'il traverse est décisive pour son avenir, et il ne voit clairement ni le but ni les moyens à employer pour l'atteindre. Il faut qu'une raison plus mûre l'éclaire, qu'une volonté plus forte supplée aux défaillances de son caractère. Le plus bel usage qu'il puisse faire alors de sa liberté, c'est de se soumettre volontairement à la volonté de ses parents ou des maîtres qui les représentent. Peu à peu, ceux-ci sauront se relâcher de leur autorité et lui laisseront plus d'initiative; ils l'émanciperont par degrés et l'amèneront ainsi au point où il peut décidément se passer de tutelle et agir tout à fait par lui-même.

Alors commence la troisième période : l'enfant est devenu un homme, il a atteint l'âge de la majorité, qui, en réalité, commence plus tôt ou plus tard, mais que la loi a dû fixer d'une manière précise à vingt et un ans.

LE RESPECT. — Il ne doit plus rigoureusement l'obéissance, et il la doit de moins en moins à mesure que les années s'écoulent. Mais il doit toujours le respect. Le Code civil fait précéder le chapitre concernant la puissance paternelle de ce précepte de morale : « L'enfant, à tout âge, doit honneur et respect à ses père et mère. »

Ce respect doit se manifester par les égards pour leur personne et la déférence pour leurs conseils. Alors même qu'il n'a plus d'ordres à recevoir, l'enfant a besoin des conseils de ses parents. Personne ne saurait lui en donner de plus éclairés et de plus désintéressés. Ne connaissent-ils pas son caractère mieux que tout autre et n'ont-ils pas son bien pour but unique ? Il y a une circonstance surtout où ces conseils doivent être écoutés, c'est lorsque le fils va se marier. La loi elle-même exige qu'avant vingt-cinq ans il ait le consentement de ses parents, et qu'après cet âge il témoigne de sa soumission par des *actes respectueux* destinés à l'obtenir. Finalement, on peut s'en passer ; mais il est très rare qu'on ait raison de le faire.

LA PIÉTÉ FILIALE. — L'accomplissement des devoirs d'obéissance et de respect sera facile à l'enfant s'il a pour ses parents l'affection qu'il doit avoir.

L'amour est pour lui un devoir qui résume et comprend tous les autres ; cet amour, accompagné de respect et qui inspire le dévouement, s'appelle, la piété filiale. Le fils pieux a pour ses parents un véritable culte comme pour la divinité. Il se montre reconnaissant pour tous les bienfaits qu'il a reçus ; et s'il croit avoir quelque grief contre son père ou contre sa mère, il évoque le souvenir de tout ce qu'ils ont fait pour lui et subit sans murmurer un mouvement d'humeur. Il refuse de voir leurs défauts pour ne penser qu'à ce qu'il leur doit, aux veilles que sa mère a passées à son chevet dans ses maladies ; à la peine que son père a dû se donner pour gagner l'argent nécessaire à son entretien et à son éducation. Dès lors il n'est pas de sacrifices qu'il ne soit prêt à supporter pour eux. Il donnerait sa vie à ceux dont il l'a reçue, à plus forte raison s'efforcera-t-il de leur rendre, dans leur vieillesse, tous les soins qu'ils lui ont prodigués dans son jeune âge.

CHAPITRE V

DEVOIRS DES FRÈRES ET SŒURS ENTRE EUX. — L'ESPRIT DE FAMILLE.

I.   L'affection fraternelle. — Rapports du devoir fraternel et du devoir filial. — Le dévouement fraternel.
II.   Devoirs de parenté. — Les différentes espèces de parenté. — L'esprit de famille; objection : le népotisme.
III.   Devoirs de l'amitié.
IV.   Rapports des maîtres et des serviteurs. — Devoirs des serviteurs. — Devoirs des maîtres.
V.   Devoirs envers les morts

Au devoir filial se joint pour l'enfant, quand il n'est pas fils unique, le devoir fraternel. Evidemment les enfants élevés ensemble au foyer domestique ont les uns envers les autres des devoirs plus étroits qu'envers le reste des hommes et des obligations spéciales. Les hommes, dit-on, doivent se traiter les uns les autres comme des frères, et la fraternité est l'expression des devoirs sociaux les plus élevés. Les rapports des frères entre eux doivent donc pouvoir servir de modèle aux rapports des hommes entre eux. Ils doivent être non seulement parfaitement équitables mais pleins d'abné-gation et de dévouement.

I. L'AFFECTION FRATERNELLE. — La nature, par les sentiments qu'elle nous inspire, rend facile l'accomplissement de ces devoirs,

> Un frère est un ami donné par la nature.

Que de raisons les frères et sœurs n'ont-ils pas de s'aimer ! Le même sang coule dans leurs veines, ils ont grandi sous le même toit, ils ont même affection pour leurs parents, dont ils sont également aimés ; quand ils avancent en âge, ils ont mêmes souvenirs tristes ou joyeux...

Mais l'affection fraternelle n'agit pas à la manière d'un instinct, ses effets ne sont pas nécessaires, elle est combattue par d'autres sentiments. Il faut vouloir aimer son frère, et, quand on l'aime, conformer sa conduite à son affection. Il n'y a d'affection sincère que celle qui se traduit par des actes de bonté.

L'expérience prouve malheureusement que, contrairement aux lois de la nature, il y a de mauvais frères, des frères ennemis ; et si c'est dans la famille qu'on trouve les affections les plus vives, c'est là aussi qu'on trouve les haines les plus atroces.

Dès le premier âge, on voit des enfants égoïstes qui considèrent comme un vol qui leur est fait les soins dont leurs frères et leurs sœurs sont l'objet. Ils sont jaloux. La jalousie, ce vice honteux, est un de ceux qui s'éveillent le plus tôt dans les âmes. L'égoïsme, enfin, prend dans la société domestique toutes les formes qu'on lui voit dans la grande société, mais là il est plus révoltant encore. On voit de petits despotes abuser de leur force pour imposer sans cesse leur volonté à ceux que la nature a faits par excellence leurs égaux ; ils seraient le fléau de la famille si les parents n'avaient pas la main assez ferme pour les mettre à la raison.

Plus tard, quand chacun a grandi, a quitté la maison paternelle, a fondé lui-même une nouvelle famille, un jour vient où les querelles enfantines se changent en horribles discussions d'intérêt. Acharnés autour des dépouilles paternelles comme des oiseaux de proie les frères ennemis donnent devant les tribunaux le scandaleux spectacle de leurs dissensions.

Entre frères, non seulement les prétentions injustes

sont condamnables, mais on est coupable de ne rien relâcher de son droit et d'invoquer la stricte légalité. Un fils, grâce aux facilités plus grandes qu'un jeune homme rencontre, a pu arriver à une situation lucrative : ne serait-ce pas une véritable injustice à lui que d'exposer sa sœur à la gêne en exigeant rigoureusement sa part dans le patrimoine commun ? C'est dans la famille surtout qu'il est vrai de dire qu'il n'y a pas de justice sans charité.

RAPPORTS DU DEVOIR FRATERNEL ET DU DEVOIR FILIAL. — Voulez-vous remplir votre devoir fraternel, il faut traiter vos frères et sœurs comme vos parents auraient voulu vous les voir traiter. Si la sympathie fait défaut, si même vous avez reçu quelque offense, aimez votre frère en vos parents. Le devoir fraternel et le devoir filial se tiennent étroitement, et l'on ne peut être un bon fils si l'on est un mauvais frère.

LE DÉVOUEMENT FRATERNEL. — Il y a des situations qui commandent particulièrement le dévouement. Si la mort a ravi le père et la mère avant qu'ils aient pu accomplir leur tâche envers tous leurs enfants, le frère aîné, si l'âge le lui permet, a l'obligation de remplacer autant qu'il pourra ceux qui ne sont plus auprès des petits orphelins.

Le malheur l'a fait chef de famille, il doit aux siens l'assistance qu'il a reçue lui-même avant eux de leurs parents communs. C'est le seul privilège qui reste aujourd'hui à l'aîné, et il vaut encore mieux que ceux dont le dotait la loi ancienne, car, au lieu de lui attirer la haine et la jalousie, il ne peut que lui concilier l'amour.

II. DEVOIRS DE PARENTÉ. — La parenté s'étend au-delà du cercle restreint où nous venons de la considérer, et la famille, au sens large du mot, comprend d'autres personnes envers lesquelles nous avons des devoirs, qui, sans se confondre avec les précédents, se distinguent cependant des devoirs généraux d'humanité.

Ces devoirs, on est porté à les oublier surtout quand les familles particulières qui rentrent dans une même famille sont éloignées les unes des autres. On oublie moins les droits résultant de la parenté, et lorsqu'il s'agit d'un héritage à recueillir, tel qui se dérobait aux obligations est le premier à faire valoir son titre de parent. Là où est le profit, là aussi doit être la charge ; le droit, ici, ne va pas sans le devoir, en bonne morale. La loi même, qui consacre le droit de succession, exige l'accomplissement de certains de ces devoirs de famille. C'est ainsi qu'elle impose la tutelle (1), les réunions du conseil de famille pour veiller aux intérêts des enfants mineurs lorsqu'ils sont orphelins ; enfin, pour les parents en ligne directe, la pension alimentaire.

Les différentes espèces de parenté. — On peut distinguer trois espèces de parentés : 1° la parenté en ligne directe, celle qui existe entre les ascendants et les descendants, c'est-à-dire entre le grand-père ou le bisaïeul et le petit-fils ou l'arrière-petit-fils. C'est un devoir évident d'aimer le père et la mère de ceux auxquels nous devons l'existence ; si ces derniers meurent, c'est aux grands parents que revient avant tous la charge de veiller sur nous. Ils ont d'ordinaire une grande affection pour leurs petits-enfants et sont même

---

(1) La tutelle est la charge imposée par la loi à un proche parent de veiller à l'éducation d'un orphelin, d'administrer ses biens, ou encore ceux d'un individu tombé en enfance, en démence. Cette charge est gratuite et occasionne beaucoup de soins. Sauf certains cas prévus par le Code on ne peut s'y soustraire.

à leur égard indulgents jusqu'à la faiblesse. L'enfant doit les payer de retour et se montrer reconnaissant pour leurs bienfaits et respectueux pour leurs cheveux blancs. C'est surtout chez notre aïeul que la vieillesse est sacrée.

2° La parenté collatérale, celle qui unit l'oncle et le neveu, les cousins germains, etc. Il y a certainement quelque chose de plus entre les enfants de deux frères qu'entre deux inconnus. La ressemblance même qui existe souvent entre eux le prouve. Plus se multiplient les alliances qui mélangent un sang étranger à celui que l'on avait en commun, plus la parenté s'affaiblit, sans qu'il soit bien facile de marquer exactement le point où elle finit. Les parents au-delà du douzième degré, dit le Code, ne succèdent pas. C'est une limite de convention ; ce qu'on peut dire, c'est qu'il vaut mieux étendre que restreindre les bornes de la parenté, les obligations étant d'ailleurs moins étroites à mesure que les degrés intermédiaires deviennent plus nombreux.

3° La parenté d'alliance, celle qui existe entre le beau-père et le gendre, le beau-frère et la belle-sœur, etc. On devient le parent des parents de sa femme, et les enfants qu'on a fortifient cette parenté. Il est impossible d'admettre, par exemple, qu'on ne doive rien au grand-père de ses enfants. Le Code a fort sagement fait en disant que les gendres et les belles-filles doivent, lorsque les circonstances l'exigent, une pension alimentaire à leurs beau-père et belle-mère, comme à leurs parents directs.

L'ESPRIT DE FAMILLE. — L'esprit de famille est un vif sentiment de la solidarité qui unit tous les membres d'une même famille. Celui qui le possède accomplit en conscience et de bon cœur tous les devoirs que nous venons d'énumérer. C'est un sentiment analogue à l'esprit de corps, mais d'autant plus fort que le groupe est naturel et n'est pas le résultat d'une convention. La solidarité entre les membres de ce groupe est telle, que rien de ce qui arrive d'heureux ou de malheureux, d'honorable ou de honteux à l'un d'eux, ne saurait être indifférent aux autres. Nous sommes fiers quand un de nos parents, un homme qui porte le même nom que nous a fait une belle action ; nous nous sentons humiliés s'il s'est conduit d'une manière indigne. Sans doute, à un certain point de vue, nous n'en valons ni plus ni moins dans les deux cas ; mais ce n'est pourtant pas un préjugé, pas plus que le patriotisme qui nous fait participer aux grandeurs et aux misères de notre pays. C'est un sentiment bien naturel aussi que celui qui fait qu'on veut s'unir à une famille sans tache. Il y a entre les personnes d'une même famille des ressemblances morales comme des ressemblances physiques, et on peut craindre ou espérer de l'une d'elles ce que l'expérience a montré dans une autre. L'ancêtre lègue quelque chose de ses qualités ou de ses défauts à ses descendants. Voilà ce qu'il y a de vrai dans les traditions nobiliaires, et ainsi comprise la noblesse n'est pas un privilège de caste.

Le plus humble artisan, le plus modeste bourgeois peut être aussi fier de l'honnêteté et des vertus des siens et de l'honneur de son nom, qu'un duc ou un prince. Celui qui est bien pénétré de l'idée de cette solidarité y trouve un puissant motif de faire le bien et d'éviter le mal. L'esprit de famille comprend le souci de l'honneur du nom ; ce souci ne saurait être aussi vif dans une démocratie que dans une aristocratie ; mais il existe toujours à quelque degré chez un homme vivement pénétré des devoirs de famille, et qui ne veut pas compromettre le patrimoine moral de bonne réputation et d'honneur qu'il tient de ses parents.

L'esprit de famille ne nous remplit pas seulement d'une généreuse émulation à bien faire pour l'honneur du nom, il excite en nous une vive sympathie pour le succès de nos proches et nous porte à y contribuer autant qu'il est en nous.

OBJECTION : LE NÉPOTISME. — On a fait à ce sentiment cette objection qu'il rend injuste à l'égard des autres ; on dit que trop souvent des personnages arrivés à une haute situation dans l'Etat ont donné le scandaleux spectacle d'un favoritisme effréné pour leurs proches, et c'est ce qu'on appelle le népotisme. Nous répondrons que les sentiments les plus généreux dans leur principe peuvent engendrer des abus ; l'esprit de famille chez un homme politique, par exemple, ne doit pas prévaloir contre l'équité. Quand deux hommes sont en concurrence pour une place, c'est le plus digne et non le mieux apparenté qui doit l'obtenir. Mais la protection peut s'exercer sans préjudice pour autrui. Elle peut servir à écarter, au contraire, l'injustice qui menace l'un des nôtres ; elle peut enfin lui donner les moyen de faire ses preuves et de mériter le poste auquel il aspire.

Il y a un excès aussi dans lequel tombent les hommes arrivés : c'est le dédain pour les parents moins favorisés du sort, c'est cette mauvaise honte qui les porte à rougir d'une humble extraction, c'est l'orgueil des personnes qui méprisent ceux qui sont au-dessous d'elles.

L'esprit de famille peut être, dans certains cas, un égoïsme à plusieurs ; mais quand il fait défaut, c'est pour faire place à l'égoïsme individuel.

III. L'AMITIÉ, SES DEVOIRS. — Si « un frère est un ami donné par la nature», on peut dire aussi qu'un ami est un frère, qu'une amie est une sœur que nous avons choisis. En parlant de l'affection qui unit deux enfants de familles différentes, on dit : ils s'aiment comme deux frères ! A tous les âges, un ami fait en quelque sorte partie de la famille, il a sa place réservée au foyer domestique. C'est ici le lieu de parler des devoirs qui naissent de l'amitié.

Il ne faut pas confondre le sentiment tout désintéressé, qui seul mérite ce beau nom, avec le mobile égoïste qui rapproche souvent dans le monde de prétendus amis.

> Rien n'est plus commun que ce nom,
> Rien n'est plus rare que la chose.
>
> (LA FONTAINE, Liv. IV, fab. XVII.)

D'après La Rochefoucauld, l'amitié ne serait qu'un commerce où l'égoïsme se propose toujours quelque chose à gagner. Mais l'amitié fondée sur l'intérêt n'est que le simulacre de la véritable amitié. Combien Sénèque l'avait mieux comprise lorsqu'il dit: « Quel est mon but en prenant un ami? C'est d'avoir pour qui mourir, qui suivre en exil, qui sauver au péril de mes jours ! L'autre amitié n'est qu'un trafic... Ne voir que soi, ne se lier que pour soi est un mauvais calcul, l'amitié formée par l'intérêt ne dure qu'aussi longtemps que son motif subsiste. » Sans doute l'amitié peut être utile et l'est souvent, mais cette utilité en est la conséquence, non le but. Nous n'avons de plaisir à rendre service à un ami qu'autant que nous croyons à son désintéressement, et que nous ne soupçonnons pas un calcul dans les marques d'affection qu'il nous donne.

L'amitié a un caractère éminemment moral. Les

anciens la considéraient comme une vertu et tous les moralistes s'accordent à reconnaître qu'elle n'existe, à vrai dire, qu'entre gens de bien. Les méchants n'ont que des complices.

Le devoir exige qu'on ne se lie qu'avec les personnes qu'on estime ; et il convient de se tenir sur une prudente réserve avec celles qu'on ne connaît pas bien encore.

> Avec lumière et choix cette union veut naître,
> Avant que nous lier, il faut nous mieux connaître.
>
> (*Le Misanthrope*, acte I, sc. II.)

Alceste a raison de répondre ainsi au personnage qui l'accable de protestations pour la première fois qu'il le voit.

Mais une fois que l'amitié est formée, l'indulgence pour les petits défauts, l'abandon et la confiance sont un devoir. Il faut repousser l'avis honteux que donne un ancien auteur, d'agir toujours envers notre ami comme s'il pouvait devenir notre ennemi. « En l'amitié de quoy je parle, dit admirablement Montaigne, les âmes se joignent et confondent l'une en l'aultre d'un meslange si universel, qu'elles effacent et ne retrouvent plus la cousture qui les a jointes. » Elle a cela d'excellent, en effet, qu'elle nous permet d'épancher, sans arrière-pensée, nos joies et nos peines, nos espérances et nos craintes dans un cœur qui sympathise avec le nôtre.

La bienveillance doit prendre entre amis les formes les plus délicates ; La Fontaine en a tracé une peinture exquise :

> Qu'un ami véritable est une douce chose !
> Il cherche vos besoins au fond de votre cœur,
>   Il vous épargne la pudeur
> De les lui découvrir vous-même :
> Un songe, un rien, tout lui fait peur
> Quand il s'agit de ce qu'il aime.
>
> (Liv. VIII, fab. II.)

L'amitié exclut tout sentiment de domination ou d'orgueil ; quand les personnes qu'elle unit ne sont pas égales, elle les rend égales. On a plus d'une fois remarqué que les amitiés de collège sont d'ordinaire les plus solides, c'est que l'enfant est naturellement confiant, c'est qu'il se donne sans calcul, c'est qu'enfin à l'école, malgré les différences de fortune et d'intelligence qui existent entre eux, tous les camarades se traitent mutuellement sur le pied de l'égalité. Plus tard la vie mettra souvent entre leurs conditions des différences profondes, le souvenir des premières années subsistera et rapprochera les distances. Les associations amicales d'anciens élèves du même collège, qu'on a parfois raillées, sont excellentes et contribuent à fortifier dans les âmes les sentiments généreux sur lesquels se fonde l'amitié, à resserrer entre les hommes élevés ensemble les liens de solidarité qu'une séparation complète pourrait briser. Il n'est pas toujours possible de rester avec son ami de collège dans une intime familiarité, mais on a toujours envers lui des devoirs plus étroits qu'envers un étranger.

Aristote, qui, dans sa morale, a admirablement parlé de l'amitié, traite avec une grande délicatesse des devoirs qui subsistent lorsque l'amitié a pris fin. « Si l'un demeure enfant par la raison quand l'autre devient homme plein de force et de capacité, comment pourraient-ils rester amis puisqu'ils ne se plaisent plus aux mêmes objets, et qu'ils n'ont plus ni les mêmes joies, ni les mêmes peines ? Mais il faut encore accorder quelque chose à ce passé qui a vu votre liaison, à moins toutefois que la rupture ne soit venue d'un excès d'impardonnable perversité. »

On peut ajouter que même lorsqu'une rupture s'est produite, on doit du respect encore à l'ancienne amitié. Le devoir de discrétion, par exemple, subsiste toujours; ce serait une véritable trahison que d'abuser de secrets livrés antérieurement dans les moments de confiance. On ne doit pas même, quand on croit avoir des motifs de plainte légitimes, faire une guerre sans pitié ni merci, ni recourir, sous quelque prétexte que ce soit, à des procédés honteux.

IV. RAPPORTS DES MAITRES ET DES SERVITEURS. — DEVOIRS DES SERVITEURS. — A côté des membres de la famille se trouvent, au foyer domestique, des personnes qui y tiennent d'une façon moins directe, mais qui pourtant font partie de la maison : ce sont les serviteurs. Les rapports continuels qui existent entre les maîtres et les serviteurs donnent lieu à des devoirs spéciaux qui peuvent d'ailleurs se déduire des devoirs sociaux en général. Les devoirs des serviteurs sont des devoirs professionnels d'une nature particulière; ils doivent tenir les engagements qu'ils ont contractés en acceptant leur emploi, et s'acquitter de leurs fonctions en conscience. Le vol domestique est plus grave que tout autre et plus sévèrement puni : c'est un abus de confiance.

La discrétion devrait être pour eux un devoir professionnel; c'est un abus de confiance d'une autre nature de dévoiler au dehors tous les secrets de la maison à laquelle on appartient.

DEVOIRS DES MAITRES. — Quant aux maîtres, c'est dans les rapports avec les domestiques qu'ils doivent surtout se rappeler le précepte : Traitez les autres comme vous voudriez qu'on vous traitât vous-mêmes en pareille circonstance.

Le sort a contraint les personnes qui nous servent à accepter des fonctions pénibles; nous devons les alléger autant qu'il est en nous par notre esprit de justice et notre indulgence.

Un est souvent fort injuste envers elles ; pour agir à leur égard comme il convient, mettez-vous par l'imagination à leur place, et vous n'exigerez pas une perfection impossible ni des services au-dessus de leurs forces.

Le défaut le plus fréquent des maîtres, c'est l'orgueil. Telle femme, par exemple, qui a l'esprit de domination et qui ne peut l'exercer au dehors, est un vrai tyran domestique, prenant plaisir à faire sentir son autorité, à commander pour commander, pour humilier une malheureuse servante. Dans l'inégalité des conditions, l'égalité des personnes subsiste, ne l'oublions pas. Quiconque travaille donne une partie de son temps aux autres ; les domestiques engagent leurs services et leur temps dans des conditions moins déterminées qu'un ouvrier ; ce n'est pas une raison pour en abuser. Comme il est très bien dit dans la Déclaration des droits de 1793 : « Il ne peut exister qu'un engagement de soins et de reconnaissance entre l'homme qui travaille et celui qui l'emploie. »

On voulait même alors supprimer le mot de domestique. Ce mot désigne, par étymologie, un individu qui est de la maison ou de la famille ; il n'y a aucun mal à l'employer, pourvu qu'on n'y attache aucune idée de servilité.

Il faut éviter une défiance injurieuse à l'égard de ceux que vous avez admis ainsi dans votre maison. Faites votre enquête avant, exigez des garanties d'honnêteté, mais ensuite n'usez par envers eux de procédés indignes à la fois et du maître et du serviteur. Votre surveillance ne doit pas être de l'espionnage : il n'y a pas d'exception aux règles générales du respect des personnes. L'intérêt ici encore s'accorde avec le devoir ; et le meilleur moyen d'avoir des serviteurs fidèles et dévoués, c'est de les traiter avec politesse et bienveillance.

DEVOIRS ENVERS LES MORTS   — Nos plus lointains ancêtres, les Aryens de l'Inde, les Grecs et les Latins primitifs ont eu pour leurs morts une véritable religion; leur culte des Mânes consistait surtout dans des libations, des offrandes de nourriture dont ils se figuraient que l'être humain devenu invisible avait encore besoin. Les antiques superstitions concernant l'existence matérielle des morts sous la terre ont disparu, en général, chez les peuples civilisés; mais la piété à leur égard subsiste, et, sous quelque forme qu'elle se manifeste, ces témoignages touchants d'une affection que la mort n'a pu détruire révèlent un des sentiments les plus nobles de la nature humaine. L'oubli rapide de ceux qui vivaient avec vous, vous aimaient, à qui vous devez les joies du cœur, quand vous ne leur devez pas tout, est la marque d'une âme sèche, égoïste et ingrate.

C'est un premier devoir envers les parents ou les amis disparus que d'y penser souvent : les visites à leur tombe, les conversations où l'on parle d'eux, leurs lettres relues, la vue de leur portrait sont autant de moyens d'entretenir leur souvenir net et précis. Cela ne suffit pas, il faut, lorsqu'il s'agit d'un père, d'une mère vénérés, les faire revivre en quelque sorte en nous, suivant l'expression de Pascal (*Lettre à sa sœur après la mort de son père*), « en faisant les choses qu'ils nous ordonneraient s'ils étaient encore au monde... puisque ce sont leurs conseils qui sont encore vivants et agissants en nous ». Un philosophe contemporain bien différent de Pascal, l'Anglais Stuart Mill, se rencontrait avec lui dans cette conception du culte des morts, lorsque, dans un ouvrage composé après la mort de sa femme, il écrivait : « Sa mémoire est pour moi une religion, et son approbation la règle d'après laquelle je tâche de diriger ma vie. »

N'est-il pas vrai que chacun souhaiterait d'être honoré ainsi un jour : conserver une place dans le cœur de ceux que nous avons aimés, et grâce au souvenir fidèlement gardé de ce qu'il y avait de meilleur dans nos sentiments et dans nos pensées, continuer par leur intermédiaire, quand nous n'y serons plus, à faire quelque bien dans ce monde.

DEVOIRS GÉNÉRAUX DE LA VIE SOCIALE

CHAPITRE VI

JUSTICE ET CHARITÉ

I. La morale sociale.
II. Justice et charité. — Définition.
  Devoirs négatifs et devoirs positifs.
  La charité ne peut être imposée par la loi civile comme la justice.
  La charité est subordonnée à la justice.
  Précautions à apporter dans l'exercice de la charité. — La fin ne justifie pas les moyens.
  La véritable justice ne peut exister sans la charité.

I. LA MORALE SOCIALE. — La société domestique est la première que nous connaissons et c'est là que l'enfant apprend à pratiquer d'abord ses devoirs envers ses semblables. Mais tous les hommes, par cela seul qu'ils sont hommes, se trouvent naturellement dans un état de société d'où résultent pour eux des devoirs généraux qui, pour avoir été longtemps méconnus et pour être souvent mal observés, n'en sont pas moins essentiels.

Dans la société civile des obligations particulières s'ajoutent à celles de la société naturelle sans les supprimer. Elles existent entre tous les membres de l'humanité et non pas seulement entre les membres d'une même famille ou d'un même État. D'habitude on désigne simplement sous le nom de morale sociale la partie de la morale pratique qui en traite, bien qu'à vrai

dire la morale domestique et la morale civique soient
des subdivisions de la morale sociale entendue au sens
le plus large, par opposition à morale individuelle, puisque la famille et l'État sont des sociétés. Quelques
auteurs emploient l'expression de morale humanitaire.
D'autres appellent, dans un sens étroit, morale sociale
la morale civique. Quelles que soient les divergences à
l'endroit d'un vocabulaire qui n'est pas absolument
fixé comme celui des sciences exactes, l'important est
qu'on reconnaisse l'existence des différentes sortes de
devoirs sociaux distincts quoique étroitement unis.

II. JUSTICE ET CHARITÉ. — DÉFINITION. —Deux mots,
justice et charité, résument les devoirs généraux de
la vie sociale. Il faut d'abord bien les comprendre.

La justice est le respect des droits d'autrui. Elle
ordonne de ne pas faire du mal aux autres, de ne nuire
à personne. Sa formule la plus populaire est : *Ne faites
pas à autrui ce que vous ne voudriez pas qu'il vous fît
fait à vous-même.*

La charité est *le dévouement à la personne d'autrui.*
C'est une loi d'amour, elle ordonne de faire du bien et
on la formule ainsi : *Faites à autrui ce que vous voudriez qu'il vous fît fait à vous-même.*

DEVOIRS NÉGATIFS ET DEVOIRS POSITIFS. — Ordinairement les devoirs de justice s'énoncent sous une forme
négative : ne tue pas, ne vole pas, etc., on les appelle
parfois pour cette raison des devoirs négatifs. Les devoirs de charité qui s'énoncent sous une forme positive
s'appellent aussi devoirs positifs. La justice consiste
plutôt à s'abstenir de certains actes mauvais, la charité est éminemment active. Il n'y a pas là pourtant
une distinction absolue; car la justice, à un certain
point de vue, consiste « à rendre à chacun ce qui lui

est dû ». La formule est positive alors et commande à agir.

Les devoirs de justice sont encore appelés des devoirs stricts; les devoirs de charité, des devoirs larges.

Il ne faut pas entendre par là, comme on le fait quelquefois, que les devoirs de justice sont seuls obligatoires et que les devoirs de charité ne le sont pas. On est obligé d'être charitable comme on est obligé d'être juste; et on viole la loi morale en ne faisant pas de bien comme en faisant du mal. Celui qui pouvant, avec quelques secours, empêcher un homme de mourir de faim ne le ferait pas, serait plus coupable que le misérable qui, pressé par le besoin, aurait dérobé un peu de nourriture.

C'est une erreur de croire qu'on ne démérite pas en s'abstenant de faire du bien, et réciproquement qu'il n'y a pas de mérite à ne pas faire du mal. Il y a souvent plus de mérite à résister à une vive tentation de violer le droit d'autrui qu'à abandonner volontairement quelque chose de son droit, à faire une légère aumône, par exemple.

Dans un autre sens, la distinction des devoirs stricts et des devoirs larges est très fondée.

Lorsqu'il s'agit des devoirs de charité, aucune formule ne peut dire d'avance dans quelle mesure ni de quelle manière on doit les accomplir. La règle générale est : fais le plus de bien possible, et la conscience de chacun apprécie dans le cas particulier ce qu'il faut faire.

La justice, au contraire, ordonne, non pas de faire le moins de mal possible, mais de ne pas faire le mal. Ses prescriptions sont les mêmes pour tous et dans toutes les circonstances, elles ne laissent aucune latitude : quiconque les enfreint est coupable.

LA CHARITÉ NE PEUT ÊTRE IMPOSÉE PAR LA LOI CIVILE COMME LA JUSTICE. — Enfin, ce qui établit une différence profonde entre les deux sortes de devoirs, c'est que chacun a le droit d'exiger qu'on accomplisse envers lui les devoirs de justice, qu'on ne lui nuise pas; tandis que personne n'a le droit d'exiger qu'on lui vienne en aide. On a le droit de défendre sa propriété attaquée par le voleur; on n'a pas le droit de contraindre l'égoïste à donner une aumône.

Le Code édicte des peines contre ceux qui attaquent la vie, les biens, l'honneur de leurs semblables, il n'en a pas contre les hommes, si méprisables qu'ils soient, qui refusent de rien céder de leurs droits au profit des autres. Il ne peut pas en avoir, puisqu'il est fait pour protéger le droit.

La charité accomplie par contrainte ne serait plus la charité. « Sa beauté est dans sa liberté. »

LA CHARITÉ EST SUBORDONNÉE A LA JUSTICE. — Le premier devoir est de ne pas faire du mal, le devoir de faire du bien ne vient qu'après. Il ne faut pas nuire à un homme pour en servir un autre; cela semble évident, mais on l'oublie quelquefois. On voit bien qu'il ne faut pas voler pour faire l'aumône, mais le cas n'est pas toujours aussi simple. et il arrive souvent que des gens qui se croient honnêtes et en réalité ne le sont pas, violent le droit d'un tiers pour rendre service à un ami.

PRÉCAUTIONS A APPORTER DANS L'EXERCICE DE LA CHARITÉ. — **LA FIN NE JUSTIFIE PAS LES MOYENS.** — L'exercice des devoirs de charité exige des précautions; il n'est pas rare que des hommes animés de bonnes intentions fassent beaucoup de mal.

Il ne faut pas violer le droit d'un homme dans l'intention de le servir. Les plus grands attentats contre les personnes ont été commis ainsi au nom de la charité. On a persécuté les hérétiques pour les contraindre à embrasser la foi qui devait les sauver. Les possesseurs d'esclaves ont allégué l'intérêt même de ces malheureux, dont le sort était, disaient-ils, moins à plaindre que celui des ouvriers libres. On a vu des ambitieux supprimer par la violence les libertés publiques sous le prétexte d'assurer le bonheur d'un peuple. C'est une maxime funeste que celle-ci : la fin justifie les moyens. Non, *la fin ne justifie pas les moyens;* le mal que l'on commence par faire en vue du bien est certain, et quant au bien il est incertain, car pourquoi donc prétendrait-on connaître l'intérêt de ceux dont on viole ainsi le droit mieux qu'eux-mêmes?

Il ne faut pas non plus faire de présents qui puissent être funestes à ceux à qui on les fait. Par exemple, on ne donnera pas à un homme qui veut se tuer l'arme qu'il demande, à un ivrogne les moyens de se procurer la boisson qui le dégrade et le tue, à un paresseux l'argent qui lui permettrait de vivre sans rien faire.

Enfin, il faut mesurer ses bienfaits au mérite des personnes, aux obligations qu'on leur a soi-même, aux liens plus ou moins étroits qui nous unissent à eux. Il ne serait pas juste de refuser un service à un bienfaiteur ou à un parent pour le rendre à un étranger. On voit trop souvent des hommes qui, par ostentation, font tout pour être agréables à des indifférents et abandonnent dans le besoin ceux qui auraient plus de droits à leur affection.

LA VÉRITABLE JUSTICE NE PEUT EXISTER SANS LA CHARITÉ. — La justice elle-même a besoin de la charité, comme la vraie charité suppose la justice. L'homme uniquement attentif à ne pas nuire aux autres, mais indifférent à leurs souffrances, ne saurait être appelé un honnête homme. Sa justice même n'étant pas soutenue par l'amour du prochain serait sujette à faillir. La prétention de ne jamais rien céder sur son droit serait une grande iniquité. Votre voisin est attaqué par un malfaiteur, vous le laissez tuer sans aller à son secours quand vous le pouviez : êtes-vous innocent de sa mort? Non, pas plus que vous ne le seriez des extrémités auxquelles le désespoir pourrait conduire un débiteur que vous auriez poursuivi sans trêve ni pitié. On dit avec raison d'un homme qui reste insensible aux maux de ses semblables qu'il manque d'*humanité*, qu'il n'est pas *humain;* c'est dire qu'il agit d'une manière indigne de l'homme.

Quelle triste société que celle où on laisserait l'enfant abandonné périr sans secours, où aucun asile ne serait ouvert à la maladie ni à la vieillesse, où les malheureux atteints par des catastrophes subites, comme les incendies ou les inondations, ne trouveraient ni compassion ni assistance! Ceux qui la composeraient, si scrupuleux observateurs du droit qu'on les suppose, ne mériteraient pas d'être appelés justes. Tant il est vrai que malgré les différences réelles qui existent entre la justice et la charité, il n'y a pas plus de véritable justice sans charité que de charité sans justice.

CHAPITRE VII

DEVOIRS DE JUSTICE. — RESPECT DE LA PERSONNE DANS SA VIE

I. Respect de la personne.
II. Respect de la personne dans sa vie.— L'homicide. — Différentes sortes d'homicides.
L'homicide par imprudence. — L'intention coupable. — La complicité.
Cas de légitime défense. — La vengeance. — La peine de mort.
Le duel. — Le jugement de Dieu et les guerres privées. — L'assassinat politique. — La guerre.
La violence. — La cruauté.

I. RESPECT DE LA PERSONNE. — La justice consiste dans le respect des droits d'autrui, c'est-à-dire dans le respect de la personne, puisque l'homme a des droits parce qu'il est une personne. Il n'est pas question ici des droits particuliers dont les lois et la constitution de chaque pays assurent l'exercice au citoyen, mais des droits de l'homme en général, abstraction faite de sa nationalité et de sa race.

Tous les hommes sont égaux devant la loi morale comme tous les citoyens d'un pays sont égaux devant la loi civile. Nous devons respecter l'humanité dans le corps d'un nègre ou d'un Chinois aussi bien que dans le corps d'un blanc et d'un Français; les uns et les autres ont la raison et la volonté libre, les uns et les autres ont mêmes devoirs et mêmes droits.

Nous tuons un tigre ou un loup sans scrupule, autant fait-il lui-même de nous, s'il peut; il n'a pas de devoirs n'étant pas libre, il n'a pas de droits non plus.

Mais nous concevons toujours très bien qu'un homme a des devoirs envers nous à quelque race qu'il appartienne, on ne peut donc jamais lui refuser des droits, puisque devoirs et droits découlent de la même source.

Malheureusement, on méconnaît plus facilement les droits des autres que leurs devoirs: tel eût accusé d'immoralité et d'injustice le sauvage qui dans le désert se fût permis de le détrousser et trouvait tout naturel d'avoir des esclaves. Dé là l'excellence de la maxime : Ne fais pas à autrui ce que tu ne voudrais pas qu'on te fît à toi-même. On est bien meilleur juge quand on se met à la place des autres pour apprécier ses propres actions.

II. Respect de la personne dans sa vie. — L'homicide. — Différentes sortes d'homicide. — Le premier des devoirs de justice est de respecter la vie de nos semblables, car le droit de vivre est le premier de tous les droits et la condition de tous les autres. Aussi le plus grand de tous les crimes est-il l'homicide. *Tu ne tueras point*, ce précepte est inscrit dans toutes les consciences avant d'être inscrit dans les codes. Il n'est pas nécessaire d'y insister. Remarquons seulement qu'il y a des degrés même dans ce crime abominable. Ainsi l'homicide prémédité, préparé froidement, qu'on appelle proprement l'assassinat, est plus coupable que l'homicide commis dans un moment de colère, auquel on réserve le nom de meurtre. Le premier est puni de la peine de mort, le second des travaux forcés à perpétuité. Enfin, le parricide ou le fratricide sont plus coupables encore que l'homicide proprement dit.

D'une façon générale, la violation d'un devoir de justice constitue une faute d'autant plus grave que la personne attaquée est unie à celui qui l'attaque par des liens plus étroits. On ne doit faire de mal à personne, mais c'est être coupable deux fois que de faire du mal à ceux qui vous ont fait du bien. Le crime d'ingratitude se joint alors à l'autre.

L'HOMICIDE PAR IMPRUDENCE. — Pour qu'il y ait homicide proprement dit, il faut qu'il y ait eu volonté, intention de donner la mort; mais alors même qu'on n'a pas eu l'intention de donner la mort, si on tue un homme par accident il peut y avoir là encore une faute infiniment moins grave, mais réelle cependant, qu'on appelle *l'homicide par imprudence.*

Celui qui à la chasse, par exemple, tue un homme pour n'avoir pas pris toutes les précautions nécessaires, n'est pas tout à fait innocent de cette mort. Nous devons avoir un respect tel pour la vie d'autrui, que nous évitons de la compromettre avec plus de soin encore que nous n'évitons de compromettre la nôtre. C'est avec raison que la loi punit l'homicide par imprudence d'une peine qui varie suivant les cas, mais qui peut atteindre deux ans de prison.

L'INTENTION COUPABLE. — Si un homme a eu l'intention de donner la mort ou de nuire d'une manière quelconque à son semblable et n'en a été empêché que par des circonstances indépendantes de sa volonté, il est coupable, sinon devant la loi civile qui ne peut pénétrer dans le for intérieur, du moins aux yeux de la conscience. On ne peut pas dire pourtant qu'il soit toujours aussi coupable que si le crime eût été accompli; car entre la résolution et l'exécution, il y a place encore pour le repentir; et la victime que l'assassin guettait et qui lui a échappé, il ne l'eût peut-être pas immolée au dernier moment, si elle se fût offerte à ses coups.

La complicité. — Pour être homicide, il n'est pas nécessaire d'avoir soi-même trempé les mains dans le sang.

L'instigateur d'un crime est coupable au même titre que celui qui l'exécute. Il est plus coupable même, car il a méconnu la dignité de la personne humaine et dans celui dont il a fait un assassin et dans celui dont il a causé la mort; à ces deux crimes, enfin, il a ajouté la lâcheté en craignant de frapper lui-même. Bien des crimes de ce genre furent commis au moyen âge, on payait des assassins de profession qu'en Italie on appelait des *bravi*, pour satisfaire une vengeance.

Il peut arriver que celui qui a l'idée d'un crime ait recours à la menace au lieu de se servir de promesses pour le faire accomplir par un autre. Doit-on voir là une excuse pour ce dernier? Non, on doit mourir plutôt que de se faire l'instrument d'un crime. En ce cas, la crainte de la mort ne constitue pas une exception au précepte : Tu ne tueras point.

Cas de légitime défense. — Mais si nous devons respecter la vie d'un innocent, d'un homme qui ne menace pas la nôtre, il n'en est pas de même si nous sommes attaqués, alors nous sommes dans le cas de légitime défense; dans ce cas nous avons le droit de tuer. On pourrait dire que ce n'est même pas, à proprement parler, une exception à la loi qui nous ordonne de respecter la personne d'autrui dans sa vie. Cette loi nous interdit d'attaquer, mais elle nous donne le droit de nous défendre si nous sommes victimes d'une agression. Il y a plus, c'est un devoir de le faire, et celui qui se laisserait égorger sans essayer de se défendre serait à bon droit taxé de lâcheté. Toutefois le droit de légitime défense a des limites qui résultent des nécessités mêmes de la défense. On ne doit frapper l'agresseur que dans la mesure où cela est jugé nécessaire pour repousser l'attaque. Celle-ci n'est pas toujours assez grave pour justifier la mort d'un homme. Si on peut empêcher le malfaiteur de nuire sans le tuer, on doit se contenter de le réduire à l'impuissance et le livrer à la justice, qui proportionnera le châtiment à l'attentat.

LA VENGEANCE. — Il ne faut pas laisser violer le droit en sa personne, mais on ne doit pas se venger.

A plus forte raison l'homicide par vengeance, par représailles, en dehors du cas de légitime défense, quelle que soit la gravité de l'injustice subie ou de l'affront reçu, est-il condamnable. Il y a eu des temps et des pays où la vengeance, la *vendetta* était en honneur ; c'était une aberration de la conscience. La loi du talion, œil pour œil, dent pour dent, est une loi sauvage qui ajoute le mal au mal au lieu de le réparer. Il est bon que le coupable soit puni ; mais il ne peut l'être justement que par des juges interprètes impartiaux de la loi, exempts des passions qui aveuglent l'offensé ou les parents de la victime.

LA PEINE DE MORT. — Mais les tribunaux appliquent dans certains cas la peine de mort ; n'est-ce pas là une exception au principe de l'inviolabilité de la vie humaine ?

En examinant plus loin le fondement du droit de punir, nous verrons que la peine de mort se justifie par la nécessité où se trouve la société de se défendre et n'est point dictée par la vengeance.

LE DUEL. — Les raisons qui condamnent le meurtre par vengeance sont applicables au duel, mais d'ordinaire avec des circonstances atténuantes. *On ne doit pas se venger*, et dans une société régulièrement organisée, *on ne doit pas se faire justice soi-même.* Voilà pourquo: on ne saurait admettre que le duel constitue une exception à la loi qui ordonne de respecter la vie d'autrui.

Si l'offensé tue son adversaire, le châtiment est d'ordinaire disproportionné avec l'offense, et, par conséquent, injuste ; si, ce qui arrive souvent, celui qui a tort triomphe, il joint une faute plus grave à la première, et sa victime, en allant au-devant de la mort, non par devoir, mais pour un faux point d'honneur, commet un acte qui n'est pas sans analogie avec le suicide.

Habituellement les suites du duel ne sont pas si tragiques ; mais c'est toujours faire trop bon marché de la vie humaine que de l'exposer sans nécessité et pour des motifs souvent très futiles.

En outre, c'est porter une grave atteinte à la société que de se mettre ainsi en dehors des lois, et de vouloir faire respecter par la violence le droit que les tribunaux sont chargés de protéger.

Il y a diverses raisons qui expliquent l'indulgence dont l'opinion publique couvre le duel : 1° le courage déployé ; or, il est dans certains cas plus apparent que réel au moins pour celui des combattants qui est plus fort ou plus adroit que l'autre ; 2° la loyauté du combat à armes égales ; cette loyauté n'existe, à vrai dire, que d'un côté quand il y a une grande disproportion de forces ; 3° la gravité de certaines atteintes à l'honneur que les lois semblent impuissantes à réparer. Mais on se fait souvent une fausse idée de l'honneur, et la dignité vraie consiste à s'élever au-dessus des préjugés ; d'autre part, si les lois ne protègent pas assez l'individu contre la calomnie ou certaines atteintes contre la personnalité, les lois sont perfectibles, et cette excuse au duel serait toute temporaire ; dans la société telle qu'elle est aujourd'hui, le duel est mauvais en principe ; et dans la pratique, il est très rare que la responsabilité des combattants soit totalement supprimée.

ANALOGIE DU DUEL AVEC LE JUGEMENT DE DIEU ET LES GUERRES PRIVÉES. — La réparation par les armes n'est pas une réparation véritable, pas plus que le combat singulier appelé au moyen âge *Jugement de Dieu* n'était un véritable jugement. La raison du plus fort est loin d'être toujours la meilleure. Les guerres privées, qui furent pendant un temps le privilége des nobles, disparurent lorsqu'il y eut un gouvernement assez fort pour protéger la société. Le duel est le dernier vestige des guerres privées, il constitue comme une sorte de privilége pour certains individus ; il doit disparaître dans une société où tous sont égaux devant la loi. Si une rixe au couteau est coupable, un combat à l'épée, malgré les formes dont il s'entoure, ne saurait être innocent.

Le duel doit disparaître devant le progrès des mœurs et des lois. La société protégeant de mieux en mieux les droits des particuliers, il sera abandonné comme l'ont été tant de coutumes barbares qui furent aussi, à une époque, autorisées par l'opinion.

L'ASSASSINAT POLITIQUE. — La conscience humaine s'égare encore lorsqu'elle approuve l'assassinat politique. Les Athéniens ont élevé des statues à Harmodius et Aristogiton qui frappèrent le tyran Hipparque, on admire chez nous Charlotte Corday pour avoir tué Marat ; et il semble que le meurtre soit légitime ou glorieux quand il atteint un tyran ou un personnage politique qui est le fléau de la patrie. C'est là une erreur dangereuse.

Le prétexte qui a poussé Charlotte Corday à l'assassinat avait armé déjà le bras de Ravaillac, et a causé depuis la mort d'Abraham Lincoln et du général Garfield, les deux excellents présidents des Etats-Unis. *Le motif d'une telle action ne peut être érigé en règle universelle;* c'est une preuve qu'elle est mauvaise. Aucun individu n'a le droit de se faire le justicier et le vengeur d'un peuple, et de châtier de son autorité privée, en dehors de toutes les garanties dont la justice entoure les accusés, un homme dont il se fait ainsi, à la fois, l'accusateur, le juge et le bourreau.

Si le meurtrier a cru accomplir un devoir, s'il a pensé faire le sacrifice de sa vie au bien public, on peut l'admirer, on doit le plaindre, mais l'indulgence dont on le couvre ne saurait s'étendre à son action qui est *un crime.*

La guerre. — Au contraire, la guerre, comme le cas de légitime défense, constitue une exception légitime au précepte : tu ne tueras point. Mais la guerre elle-même, comme nous le verrons plus loin (chap. du droit des gens), est soumise chez les peuples civilisés à certaines lois qui dérivent du devoir de respecter la vie humaine quand il n'y a pas une nécessité absolue de la sacrifier. A la guerre le soldat tue pour ne pas être tué et pour défendre son pays ; et on peut dire, en somme, que le cas de légitime défense est la seule exception réelle au devoir qui nous occupe.

La violence. — La cruauté. — Les mauvais traitements, les violences à l'égard d'autrui sont interdits par la morale comme l'homicide, et pour les mêmes raisons. La loi écrite est encore ici l'écho de la loi naturelle en condamnant à des peines sévères les auteurs de blessures volontaires ou même de coups qui n'ont occasionné aucune maladie.

Indépendamment des conséquences qui peuvent en résulter pour la santé, frapper un homme quel qu'il soit, c'est commettre un attentat contre l'humanité tout entière dont il est un représentant, c'est violer le caractère sacré de la personnalité. Abuser de sa force est lâche, frapper dans un moment de colère et par vengeance est injuste, faire souffrir les autres est cruel. La cruauté a bien des degrés, depuis celle de l'empereur romain qui disait au bourreau : « Fais qu'ils se sentent mourir », jusqu'à celle de l'enfant qui se plaît à faire pleurer un camarade. Elle est toujours profondément immorale. Le propre de l'homme est de sympathiser avec la souffrance. Celui qui, au contraire, inflige la douleur et s'en réjouit se place en dehors de l'humanité ; c'est un monstre suivant l'expression consacrée.

A mesure que la civilisation se développe, que l'homme s'approche davantage de ce qu'il doit être, il éprouve plus de répugnance à maltraiter ses semblables. On a renoncé dans les écoles aux corrections brutales infligées autrefois à l'enfant, on n'emploie la force qu'avec ménagements à l'égard de l'aliéné, traité naguère dans les hospices d'une façon barbare, les sévices même ont disparu du bagne.

RETOUR SUR LE DROIT DE LÉGITIME DÉFENSE. — La nécessité de se défendre ou de défendre une personne attaquée justifie seule la violence et dans la limite où elle est indispensable pour repousser la violence, mais elle la justifie absolument. Nous devons faire respecter l'humanité dans notre personne, comme nous la respectons dans autrui. Celui qui subirait la violence sans chercher à la repousser et sans demander justice, serait un être sans dignité, sa patience serait de la lâcheté. La générosité ne saurait consister à laisser les méchants accomplir leurs forfaits et opprimer les honnêtes gens.

CHAPITRE VIII

RESPECT DE LA PERSONNE DANS SA LIBERTÉ.

I. L'esclavage. — Examen des raisons alléguées en faveur de l'es-
    clavage.
    Le servage.
II. Abus de pouvoir envers les enfants mineurs.
    Abus de pouvoir envers les salariés. — La liberté du travail. —
    Les grèves et leurs abus.
    Autres attentats contre la liberté. — L'esclavage moral.

I. L'ESCLAVAGE. — Le plus grand crime qu'on puisse commettre à l'égard d'un homme après celui d'attenter à ses jours, c'est de lui enlever sa liberté. La liberté est ce qui fait le prix de la vie, c'est parce que l'homme est libre qu'il a des droits ; lui ravir sa liberté, c'est violer d'un seul coup tous ses droits.

Il est vrai qu'en un sens la liberté est au-dessus de toute atteinte, puisque ni les tourments ni la menace de la mort n'ont pu contraindre certains hommes *à faire ce qu'ils ne voulaient pas faire*, à porter un faux témoignage ou à renier leur foi.

Mais on peut empêcher un homme *de faire ce qu'il veut*, et la résolution prise librement d'aboutir à l'action ; on peut lui enlever la disposition de son corps, de ses biens, on peut s'opposer aux manifestations les plus légitimes de son activité, en un mot le traiter comme un animal, comme une chose. On ne peut retirer à un homme sa *liberté morale*, mais on peut le priver de sa *liberté civile*. Sa condition alors est *l'es-clavage*.

L'esclave proprement dit est acheté et vendu comme une tête de bétail, contraint de travailler pour un maître et sous la menace du fouet comme le bœuf ou le cheval, incapable de fonder une famille, puisqu'il peut être séparé arbitrairement de sa femme et de ses enfants. La dignité de la personne humaine est méconnue en lui, il est injustement ravalé au rang de la brute, au-dessus de laquelle l'élèvent sa raison et son libre arbitre.

L'esclavage a été la plaie de l'antiquité ; il sévit encore d'une manière terrible en Afrique ; pour la honte des peuples civilisés, il a existé jusqu'en ces derniers temps dans les colonies européennes et aux Etats-Unis.

Le décret qui l'a aboli dans les colonies françaises n'est que de 1848, quoique la Constituante de 1789 eût proclamé *les droits de l'homme* inaliénables et imprescriptibles. Il n'a pu être supprimé aux États-Unis qu'après une guerre civile effroyable en 1865. Tant la justice et le droit ont de peine à prévaloir contre l'intérêt !

EXAMEN DES RAISONS ALLÉGUÉES EN FAVEUR DE L'ESCLAVAGE. — Le principal argument allégué par les anciens en faveur de l'esclavage est le droit de la guerre. On pouvait tuer, disaient-ils, l'ennemi vaincu ; à plus forte raison avait-on le droit de le faire prisonnier et de le faire travailler au profit du vainqueur.

La conscience, plus éclairée, répond : On n'a pas le droit de tuer un ennemi désarmé, et il n'est pas plus légitime de lui prendre sa liberté que sa vie.

Les modernes apologistes de l'esclavage ont dit que le nègre étant inférieur au blanc pour l'intelligence, celui-ci pouvait s'en servir pour les travaux les plus pénibles. Mais le nègre est un homme, il a la raison il a la liberté, il a des devoirs, il est responsable, c'est une personne et il doit être traité comme tel : il a des droits. A quelles conséquences aboutirait-on, si on s'arrogeait le droit de traiter comme bête de somme quiconque nous semble moins intelligent que nous? D'ailleurs, le nègre peut s'instruire et il fait preuve d'une intelligence qui n'a rien à envier à celle de beaucoup de blancs.

L'esclavage a été corrupteur et pour le maître qui abusait de sa force d'une manière inique, et pour l'esclave qu'une obéissance passive dégradait au point de lui faire perdre le sentiment de sa dignité. Il est démontré en outre aujourd'hui qu'il n'est pas moins contraire à l'intérêt bien entendu de la société qu'à la morale. Le travail des hommes libres est beaucoup plus productif que celui des esclaves.

LE SERVAGE. — Après la ruine de la société antique, l'esclavage s'était conservé en Europe et notamment en France sous une forme adoucie qu'on appelle le *servage*. Tandis que l'esclave était attaché à la personne du maître et se vendait comme un meuble ou un animal domestique, le serf était attaché à la *glèbe*, c'est-à-dire à la terre comme une plante, sans en pouvoir être arraché, mais aussi sans pouvoir la quitter, et se transmettait par vente ou par héritage comme la terre elle-même.

Le serf ne pouvait à vrai dire rien posséder en propre, il était *taillable et corvéable à merci*, c'est-à-dire que le chiffre des redevances ou des corvées exigées de lui était fixé arbitrairement ; et s'il parvenait malgré cela à économiser quelque chose, tout revenait après sa mort au seigneur de la terre.

Le serf avait une famille, mais le seigneur disposait des enfants du serf, il les mariait à qui bon lui semblait.

Jusqu'à la Révolution, il y eut des serfs en France. Ils ne furent affranchis dans les domaines de la couronne qu'en 1779, et en 1789 il en restait encore un million et demi qui furent libérés par la Constituante. L'affranchissement des serfs en Russie ne date que de 1861.

Ainsi que l'esclavage, le servage est condamné par la morale comme la violation des droits les plus sacrés de l'homme.

II. Abus de pouvoir envers les enfants mineurs. — Heureusement, ces institutions n'ont plus pour nous qu'un intérêt rétrospectif, en en parlant nous avons voulu faire mieux comprendre le prix de la liberté. Mais on peut manquer encore aujourd'hui au respect dû à la liberté des personnes, quoique d'une manière moins grossière et moins radicale. La règle qui impose ce respect est loin d'être superflue. Tant qu'il y aura des forts et des faibles, c'est-à-dire tant qu'il y aura une humanité, il y aura place dans le monde pour des attentats contre la liberté.

Nous ne parlons pas ici des abus de pouvoir que peut commettre le gouvernement, mais de ceux qui peuvent être commis par les particuliers.

L'homme qui, à un titre ou à un autre, possède une autorité quelconque peut en abuser. Le pouvoir que le père a sur ses enfants, le maître sur ses élèves, le patron sur ses apprentis, est en principe très légitime, mais il leur arrive d'en user d'une manière injuste.

Le mineur (1) est considéré comme incapable de se diriger par lui-même ; il est nécessaire qu'une volonté plus expérimentée se substitue à la sienne, mais elle ne doit le faire que pour le bien de l'enfant. Le con-

____

(1) L'âge de la majorité est fixé par notre Code à 21 ans.

traindre à des actes immoraux, nuisibles ou simplement inutiles pour lui dans un but égoïste, c'est commettre un abus de pouvoir d'autant plus coupable que l'être qui en est l'objet est moins en état de se défendre.

La loi a beaucoup fait pour la protection de l'enfance dans ces derniers temps, en limitant les heures de travail de l'enfant, en défendant de le soumettre à certains travaux dangereux pour son âge, en rendant l'instruction obligatoire. Mais elle ne peut parer à toutes les injustices.

Le patron abuse de l'inexpérience de son apprenti, le traite autant qu'il est en lui en esclave, s'il l'emploie à des besognes étrangères au métier qu'il s'est engagé à lui apprendre ou prolonge l'apprentissage au-delà du temps nécessaire afin de jouir gratuitement de son travail. Sous l'ancien régime, avec l'institution des *maîtrises*, cet abus existait au point que dans certains métiers faciles, on exigeait jusqu'à douze années d'apprentissage pour faire un ouvrier.

Abus de pouvoir envers les salariés. — La Révolution, en abolissant les maîtrises, a délivré le travail des entraves qui pesaient sur lui.

L'ouvrier n'est plus comme autrefois assujetti à des règlements despotiques et à la merci du patron. Mais l'argent donne à ce dernier une autorité qui prête à des abus encore très graves. Le patron est injuste et attente à la liberté humaine si, en dehors du travail stipulé, il exige de l'ouvrier sous peine de renvoi des actes contraires à la conscience de celui-ci, s'il le contraint, par exemple, à professer en politique et en religion des opinions qui ne sont pas les siennes, à renoncer à certaines amitiés, etc.

L'ouvrier qui cède, pour ne pas perdre son gagne-pain, n'est pas plus libre que le voyageur qui, le couteau sur la gorge, abandonne sa bourse pour sauver sa vie. De même, si un patron profite de la détresse d'un ouvrier pour lui imposer un salaire insuffisant et au-dessous du tarif normal, il s'approprie indûment le fruit de son travail. Il ressemble alors à l'usurier qui abuse d'une situation pour faire souscrire l'emprunteur à des conditions désastreuses.

LES GRÈVES ET LEURS ABUS. — Réciproquement, l'ouvrier se montre injuste envers son patron s'il profite d'une nécessité pressante pour exiger un salaire exorbitant que la crainte d'une ruine imminente peut seule faire momentanément accorder.

La grève en principe est légitime, l'ouvrier a le droit de refuser son travail, comme le patron son argent; mais comme lui, il peut en abuser, tout en restant dans la légalité. Enfin, la loi et la morale sont d'accord pour interdire les menaces à l'adresse du patron ou des ouvriers qui refusent d'entrer dans la grève. C'est pour cela que dans certaines grèves la police est obligée d'intervenir, non pour contraindre l'ouvrier à travailler, mais pour protéger un maître d'usine ou des ouvriers qui veulent continuer le travail.

Aveuglés par l'intérêt et par la passion, les hommes ont bien de la peine à respecter dans les autres la liberté dont chacun reconnaît si bien le caractère inviolable et sacré dans sa propre personne.

AUTRES ATTENTATS CONTRE LA LIBERTÉ. — En dehors des cas définis dont nous venons de parler, les attentats contre la liberté peuvent prendre mille formes diverses.

Il suffit d'en indiquer quelques-unes; la conscience prévenue saura reconnaître son devoir à l'occasion.

Un personnage de comédie veut décider un pauvre à blasphémer en lui promettant une pièce d'or; ce n'est pas seulement une impiété, c'est un attentat contre la liberté du malheureux, la promesse ici équivaut à une menace. Cette scène se reproduit dans la vie réelle toutes les fois qu'un homme cherche à prix d'argent à entraîner quelqu'un à un acte immoral.

Certaines personnes exercent sur d'autres beaucoup d'ascendant soit par leur haute situation dans la société, soit par leur instruction supérieure, soit simplement par une volonté plus forte, elles peuvent en abuser pour les réduire dans une sorte d'esclavage moral. Il n'est pas rare de voir devant les tribunaux les complices d'un crime qui ont été de véritables instruments aux mains de l'auteur principal.

On a prétendu justifier *l'esclavage moral* au nom de l'intérêt même de ceux qui en étaient victimes. Cette excuse qui a été donnée aussi pour l'esclavage physique n'est pas plus valable dans un cas que dans l'autre. Annuler une volonté est toujours mal. C'est traiter l'homme comme l'animal domestique que l'on nourrit, que l'on protége et que l'on dresse à bien remplir son rôle.

Le rôle de l'homme n'est pas de vivre sans souci et sans crime comme le mouton sous la houlette du berger, mais de se conduire lui-même et de vivre en être raisonnable et libre. La liberté morale comme la liberté politique a ses dangers, mais ils sont préférables à un état de servitude où l'on a abdiqué toute responsabilité. La liberté a un prix inestimable, puisqu'elle est la condition du mérite et de la vertu. L'homme n'est pas fait pour toujours rester en tutelle. La tutelle imposée à l'enfant a pour but de lui permettre de se diriger lui-même un jour et de voler de ses propres ailes.

Traiter l'homme indéfiniment comme un mineur, ne peut être que le fait d'une ambition criminelle, sous quelque prétexte qu'elle se dissimule.

L'influence légitime exercée sur autrui est celle qui loin de paralyser la volonté la fortifie en l'éclairant, c'est celle des bons conseils et des bons exemples.

CHAPITRE IX

RESPECT DE LA PERSONNE DANS SON HONNEUR ET SA REPUTATION.

L'honneur. — L'outrage. — La calomnie; valeur d'une bonne réputation. — Les differentes formes de la calomnie. — La médisance, ses mobiles.
La diffamation; sanction de la loi pénale.
La dénonciation et la délation. — La lettre anonyme.
L'envie.

L'HONNEUR. — On se fait souvent de la justice une idée très incomplète; pour beaucoup elle consiste dans le respect de la vie et de la propriété d'autrui, et il y a des gens qui se croient quittes envers le devoir quand ils n'ont ni tué ni volé.

Les biens matériels ne sont pas les seuls biens, ils ne sont pas même les plus grands. On voit des hommes faire le sacrifice de leur fortune, de leur vie au besoin pour sauver leur honneur. Une forme grave de l'injustice consiste à attenter à l'honneur et à la réputation d'autrui.

Qu'est-ce donc que l'honneur?

L'honneur, c'est d'abord le sentiment de ce qui nous élève ou nous abaisse à nos yeux : un homme d'honneur ne fait rien de bas. En un autre sens c'est le sentiment de ce qui nous élève ou nous abaisse aux yeux des autres avec le souci de l'estime publique. Enfin, l'honneur est la possession même de l'estime publique, c'est la bonne réputation. Par conséquent, respect l'honneur de nos semblables, c'est s'abstenir de porter atteinte à la considération dont ils jouissent, de blesser le sentiment qui les porte à désirer l'estime d'autrui, et enfin ne rien faire qui puisse les abaisser à leurs propres yeux.

On manque à ce devoir par l'outrage, la calomnie, la médisance.

L'OUTRAGE. — Par outrages, on entend les marques de mépris et les expressions injurieuses qui renferment l'imputation d'un vice plutôt que d'un fait précis, ou encore l'accusation d'un acte honteux jetée directement à la face d'un individu. L'outrage est plus ou moins grave suivant qu'il est adressé en particulier ou en public, et suivant que celui qui en est victime a fait quelque chose ou n'a rien fait pour le mériter. La loi punit l'outrage de peines plus ou moins sévères suivant les cas.

Ce serait une erreur de croire que la faute ou le crime commis par un homme justifie toujours l'outrage; sans doute on a le droit de traiter un homme de voleur si on le surprend en train de vous voler, mais il est injuste de le faire quand cet homme, par exemple, sort de la prison où il vient d'expier son crime. C'est ajouter une peine nouvelle à la peine subie, c'est enlever au coupable l'espoir d'un relèvement possible, c'est contribuer à l'enfoncer dans le mal; car il en vient à se résigner à sa déchéance et n'est plus retenu par aucun sentiment d'honneur et de dignité.

LA CALOMNIE. — VALEUR D'UNE BONNE RÉPUTATION. — La calomnie est un mensonge fait dans l'intention de priver autrui de l'estime publique, c'est-à-dire de son honneur. On ne saurait trouver d'expression assez forte pour flétrir un pareil acte. De toutes les manières de nuire il n'en est pas de plus perfide; le calomniateur peut être comparé à un serpent dont le venin tue.

Pour en comprendre toute la gravité, considérons de quel prix est l'estime publique. D'abord on trouve dans une bonne réputation une jouissance profonde dont on se rend mieux compte comme de tous les biens, si l'on réfléchit à la peine qu'on éprouverait à en être privé. « Nous avons une si grande idée de l'âme de l'homme, dit Pascal (1), que nous ne pouvons souffrir d'en être méprisés, de n'être pas dans l'estime d'une âme..... Quelques possessions que l'homme ait sur la terre, de quelque santé et commodité essentielles qu'il jouisse, il n'est pas satisfait s'il n'est dans l'estime des hommes. » Sans l'estime, sans la sympathie, sans l'affection de nos semblables, tous les biens matériels perdent leur prix. Mais il y a plus : ces biens mêmes on ne les trouve pas d'ordinaire quand on a perdu l'honneur.

Rien ne sert comme une bonne réputation pour faire son chemin dans le monde. Le proverbe le dit : « Bonne renommée vaut mieux que ceinture dorée. » Dans le commerce, par exemple, un homme déconsidéré ne trouve aucun crédit et les clients s'éloignent de lui. En tout genre d'entreprises, la confiance publique est une garantie de succès.

(1) Grand moraliste du XVIIe siècle (1623-1662), auteur des *Pensées*.

Les avantages qu'elle donne s'étendent à notre famille, on les transmet aux siens comme un patrimoine précieux; mais la honte aussi est dans une certaine mesure héréditaire par une loi de solidarité dure mais inévitable.

C'en est assez pour voir quel mal on fait en portant atteinte à la considération du prochain.

Les différentes formes de la calomnie. — On peut distinguer des variétés et des degrés dans la calomnie. Sa forme la plus odieuse est le *faux témoignage*, crime qui est puni par la loi d'une peine égale à celle à laquelle il expose la personne qui en est l'objet.

Puis il y a la *dénonciation calomnieuse*, qui consiste à calomnier quelqu'un auprès de l'autorité judiciaire ou d'un des chefs dont il dépend. Enfin la calomnie proprement dite est le fait de répandre de faux bruits sur une personne que l'on hait, que l'on craint ou que l'on jalouse. C'est par excellence l'arme des lâches, arme terrible, car il est bien difficile de parer les coups qu'elle porte dans l'ombre avec la malignité publique pour complice. On connaît le mot : Calomniez! calomniez! il en reste toujours quelque chose.

La calomnie n'a pourtant pas toujours un caractère aussi grave dans l'intention de son auteur. On charge quelquefois les autres de torts imaginaires par légèreté plutôt que par méchanceté véritable pour faire briller son esprit; mais les conséquences d'une pareille conduite peuvent être très graves; car la malveillance s'empare du mensonge malicieux, le grossit démesurément et le transforme bientôt en accusation déshonorante.

La médisance. — Non seulement il est injuste d'accuser les autres de fautes qu'ils n'ont pas commises ou de vices qu'ils n'ont pas, mais il l'est aussi quoique à un degré moindre de porter atteinte à leur réputation en divulguant des fautes ou des défauts réels. C'est là ce qu'on appelle la médisance. Comme la calomnie la médisance cause le plus grand tort au prochain.

Ce tort est mérité, dira-t-on. Il est vrai que les victimes de la médisance souffrent moins injustement que celles de la calomnie, car leur conduite est la première cause des maux qu'elles endurent. Mais cela ne suffit pas à justifier celui qui médit.

D'abord il met le mal en lumière et laisse le bien dans l'ombre ; or l'équité veut qu'on juge un homme aussi bien par ses qualités que par ses défauts. Sans doute le mal est toujours le mal ; mais enfin il y a des faiblesses qui sont rachetées par des vertus compatibles avec elles, et taire les unes pour ne parler que des autres c'est donner une idée fausse de la personne dont on parle.

Ensuite, la médisance glisse insensiblement dans la calomnie, car on exagère presque toujours les fautes d'autrui quand on les raconte. Le médisant enfin se garde bien de mettre au jour ses défauts comme ceux d'autrui, et il usurpe ainsi la considération dont il veut priver les autres. Il y a même une sorte d'hypocrisie qui consiste à attaquer d'autant plus vivement un vice chez un autre qu'on y est soi-même plus porté ; on espère ainsi donner le change.

Mobiles de la médisance. — Pour comprendre ce qu'il y a de coupable dans la médisance, il suffit de considérer les mobiles auxquels elle obéit. Ce n'est pas le désir de rendre à chacun ce qui lui est dû qui met en mouvement les mauvaises langues, c'est la méchanceté, l'envie, c'est la vanité. On médit par plaisir de mal faire, de susciter des querelles et des brouilles, ou pour rabaisser le mérite d'autrui et ce grandir soi-même par comparaison, ou simplement pour faire briller son esprit et obtenir des succès faciles dans le monde en flattant les mauvaises passions de ceux auxquels on s'adresse. Remarquons que celui qui écoute et encourage la médisance s'en fait le complice, à peu près comme le recéleur l'est du voleur.

Le médisant est très écouté, mais peu estimé ; par un juste châtiment il ne se nuit pas moins à lui-même qu'aux autres. Il se fait beaucoup d'ennemis et devient un objet de défiance universelle. Il y a même des cas où la loi intervient pour le punir, c'est quand la médisance s'appelle la diffamation.

LA DIFFAMATION ; SANCTION DE LA LOI PÉNALE. — La diffamation n'est pas seulement, comme on pourrait le croire, l'acte de nuire à la réputation d'autrui par la calomnie ; elle existe même quand la personne attaquée a commis les actes déshonorants dont on l'accuse. Le diffamateur se distingue du médisant proprement dit par la gravité de ses imputations et par la publication étendue qu'il leur donne.

Les conséquences du déshonneur sont si terribles qu'on ne peut laisser au premier venu le droit de disposer de la réputation d'un homme, en fouillant dans son passé, en exhumant des fautes ou des crimes qui ont été expiés et sur lesquels l'oubli s'est fait (1).

Le diffamateur est passible de la prison et peut être condamné à payer une forte somme, soit comme châtiment, *comme amende,* soit pour réparer le préjudice causé, c'est-à-dire comme *dommages et intérêts.*

LA DÉNONCIATION ET LA DÉLATION. — LA LETTRE ANONYME. — Le témoignage en justice, la dénonciation d'un crime dont on est victime ou témoin ne sauraient se confondre, il est à peine besoin de le dire, avec la diffamation. Alors le devoir est de dire la vérité que l'on sait.

(1) Ex.: Condamnation d'un diffamateur à Paris pour avoir appelé vieux forçat un homme qui avait subi la peine des travaux forcés.

La dénonciation, proprement dite, doit être distinguée aussi de la délation. Le délateur, au lieu d'agir en vue de la justice et de la défense de la société, est poussé par les mobiles les plus vils : l'intérêt, la vengeance, l'envie. En outre, il trahit le plus souvent les secrets de ceux qui avaient le droit de compter sur sa discrétion, il livre aux rigueurs de la justice ou de l'opinion publique ses parents, ses amis. Il ne recule pas enfin devant la calomnie et exagère le mal ou l'invente.

La délation a sévi à Rome sous les plus mauvais empereurs : sous Tibère, sous Néron, sous Caligula, c'était alors une profession aussi lucrative que honteuse. Un fils accusait son père de crime de lèse-majesté pour s'enrichir de ses dépouilles; la femme dénonçait son mari comme coupable de conspiration; les plus secrètes pensées d'un homme que le tyran voulait perdre étaient épiées par ses proches sous le voile de l'amitié.

En France, aux époques les plus sombres de notre histoire, sous la Terreur, et dans des troubles politiques plus récents, la délation a fait son œuvre hideuse, lâchement, dans l'ombre, désignant à la police ou au bourreau les victimes à frapper.

En dehors de ces périodes tragiques, la délation prend mille formes : ici, elle trouble la paix d'un ménage par une lettre anonyme; là, elle désigne dans une conversation avec un personnage puissant ou dans un article de journal, aux rigueurs de l'autorité ou de l'opinion un adversaire politique, abusant d'un propos imprudent entendu, d'une action irréfléchie, plutôt que coupable.

Il faut réprouver surtout la lettre anonyme comme un acte infâme, elle n'a jamais d'excuse; si celui qui accuse croit faire son devoir, il doit le faire jusqu'au bout, signer ce qu'il écrit, attaquer le mal à visage découvert. D'ordinaire, c'est la calomnie et la vengeance du lâche qui se cachent derrière la lettre anonyme.

Les enfants, avec leur conscience neuve, avec leur sentiment naïf du bien, ont horreur de la délation ; quand l'un d'eux dénonce une de ces fautes légères que peut commettre l'écolier, il est flétri par ses camarades et mis à l'écart ; et avec raison, car rien n'est plus mortel à la camaraderie, qui vit de confiance et de franchise. Un maître, vraiment digne de ce nom, ne repousse pas avec moins d'indignation les *rapports* de certains enfants hypocrites et jaloux. Dans la vie, comme à l'école qui en est l'image, mieux vaut que quelques coupables échappent au châtiment que de voir l'esprit de délation, mortel aux relations sociales, envahir les âmes.

L'ENVIE. — Les mauvaises actions naissent des mauvais sentiments. Parmi les passions qui produisent celles dont nous nous occupons ici, il n'en est pas de plus funeste que l'envie. L'envie est le sentiment qui porte un homme à s'affliger du bonheur d'autrui et à se réjouir de son malheur. Elle a différents degrés : certains envieux s'irritent et s'affligent de la prospérité des autres, mais le malheur désarme leur haine et ils n'éprouvent pas de plaisir à les voir souffrir ; la pitié même fait alors place à l'envie. A ce degré, celle-ci engendre plutôt la médisance que la calomnie ou la délation. On cherche à rabaisser dans l'opinion celui dont le bonheur et les qualités brillantes nous offusquent, et on dévoile les points faibles de son caractère. Mais l'envie, sous sa forme la plus vile et la plus odieuse, souhaite le malheur de ceux qui ont réussi par leurs excellentes qualités ou leur travail, et elle ne recule devant aucun moyen pour le préparer.

Les biens possédés par les autres et qu'il n'a pas su

mériter lui-même semblent à l'envieux un vol qui lui est fait ; impuissant à assurer son propre bonheur, parce qu'il est dénué d'énergie et de valeur, il se venge en faisant lâchement, par perfidie et par trahison, le malheur des autres. « La plus véritable marque d'être né avec de grandes qualités, dit La Rochefoucauld, c'est d'être né sans envie. »

CHAPITRE X

RESPECT DE LA PERSONNE DANS SES CROYANCES ET SES OPINIONS.

La liberté de conscience. — L'intolérance avant la Révolution. — L'intolérance de nos jours. — Les mobiles de l'intolérance. — Ses conséquences.

Esprit de patience et de tolérance dans la discussion.

Avantages de la libre critique et de la contradiction. — La liberté de la presse.

La tolérance n'est pas l'indifférence. — Distinction du martyr et du fanatique.

Le droit de légitime défense vis-à-vis du fanatisme.

Le devoir de ne pas faire de mal à autrui ne se borne pas, nous venons de le voir, à ne pas lui infliger de souffrances physiques ; il y a des souffrances morales aussi graves et plus graves que les blessures qui font couler le sang, et la preuve c'est qu'on voit des hommes donner leur vie pour les éviter. Parmi ces biens immatériels auxquels nous tenons tant et que nous souffrons si vivement de voir attaquer, il faut placer nos croyances et nos opinions. La justice nous ordonne de respecter les autres dans leurs croyances comme nous voulons qu'ils nous respectent dans les nôtres.

LA LIBERTÉ DE CONSCIENCE. — La *liberté de conscience* fait partie des droits essentiels que nous apportons en naissant par ce seul fait que nous appartenons à l'humanité.

L'Assemblée constituante l'a proclamée en ces termes dans la *Déclaration des droits de l'homme* :

« Nul ne doit être inquiété pour ses opinions même religieuses, pourvu que leur manifestation ne trouble pas l'ordre public établi par la loi (Art. 10).

» La libre communication des pensées et des opinions est un des droits les plus précieux de l'homme ; tout citoyen peut donc parler, écrire, imprimer librement, sauf à répondre de l'abus de cette liberté dans les cas prévus par la loi (Art. 11). »

Le texte de ces deux articles indique ce qu'il faut entendre par liberté de conscience, liberté de penser et liberté des cultes. En un sens, il n'est pas plus possible de nous empêcher de penser et de croire ce que nous croyons que de nous empêcher de respirer, — à moins de nous ôter la vie. La conscience, le for intérieur est inaccessible, et ce qui s'y passe échappe à tous les regards comme à toutes les attaques. D'autre part, on ne peut pas forcer un homme à croire qu'une chose est bleue quand il la voit rouge ; qu'elle est fausse quand sa vérité éclate aux yeux comme la lumière du jour. Mais par liberté de conscience, on entend le pouvoir de parler et d'agir selon sa conscience et sa raison ; par liberté de penser, le pouvoir d'exprimer sa pensée et de conformer sa conduite à ses croyances. Si les croyances sont des croyances religieuses, elles s'expriment par un ensemble de pratiques extérieures qu'on appelle le culte, et qui est à la foi ce que la parole est à la pensée en général. La liberté des cultes, c'est le droit laissé à chacun d'adorer Dieu selon sa conscience, c'est le droit même laissé à l'incrédule ou à celui qui, tout en croyant en Dieu, n'admet pas telle ou telle religion particulière, de ne professer aucun culte. Aujourd'hui cette liberté existe, et la loi n'impose la pratique d'aucune religion ; on est libre d'aller à l'église, au temple, à la synagogue, ou de n'y pas aller. On a la liberté de penser, au sens le plus large du mot, c'est-à-dire qu'on peut chercher librement la vérité et l'exposer sans entraves, par la parole ou par le livre, lorsqu'on l'a découverte ou qu'on croit l'avoir découverte.

L'intolérance avant la Révolution. — Il n'en a pas toujours été ainsi, et pour comprendre le prix de pareils droits, il faut se reporter au temps où ils étaient méconnus. Sans parler des persécutions dirigées contre les hérétiques pendant tout le moyen âge, ni des guerres de religion, ni de la Saint-Barthélemy, ni des horreurs qui accompagnèrent la révocation de l'édit de Nantes (1), les juifs et les protestants, lorsqu'éclata la Révolution, étaient encore traités comme des parias ; ils étaient véritablement hors la loi ; tout emploi public leur était interdit ; ils ne pouvaient se marier ni posséder *légalement ;* on n'inscrivait ni leurs enfants, ni leurs décès sur les registres de l'état civil, qui alors étaient tenus par les prêtres catholiques. L'opinion publique n'était pas moins dure pour eux que la loi, et les plus odieuses calomnies à leur adresse trouvaient facilement crédit, comme le prouve le procès

____

(1) L'intolérance n'était pas d'ailleurs particulière aux catholiques, elle était dans les mœurs ; et Calvin à Genève se montra aussi dur que l'Inquisition à l'égard de ceux qui ne pensaient pas comme lui.

de Calas, accusé par la population fanatique de Toulouse d'avoir tué son fils pour des motifs de religion, et dont l'innocence fut reconnue après son supplice.

D'autre part, les auteurs n'avaient pas la liberté de dire ce qu'ils pensaient dans leurs livres, même en matière de science. Au xviii° siècle on ne brûlait plus les écrivains, comme on le faisait aux siècles précédents (1), mais on brûlait leurs livres, et on les persécutait; les plus illustres, Voltaire, J.-J. Rousseau et Diderot, furent emprisonnés et obligés de se réfugier dans l'exil.

L'INTOLÉRANCE DE NOS JOURS. — Aujourd'hui, tous les Français sont égaux devant la loi; il n'y a plus de religion imposée par l'État; les écrits se produisent librement, sous cette seule réserve qu'ils n'outragent pas violemment les bonnes mœurs et ne contiennent pas d'excitation directe à la guerre civile, au pillage, à l'incendie; l'intolérance a disparu dans le domaine de la vie publique, mais elle règne encore trop souvent dans la vie privée, dans les mœurs, et on n'a pas toujours pour les croyances et les opinions d'autrui le respect qu'on devrait avoir.

L'intolérance prend différentes formes. Sans doute, on ne brûle plus ses adversaires religieux ou politiques, mais à défaut de la violence physique on emploie contre eux la violence morale : on les injurie, on les calomnie, on cherche à jeter le discrédit sur la cause qu'ils soutiennent en les déshonorant. On affirme d'un ton d'autorité que leur opinion est immorale et ne saurait être professée par les honnêtes gens; ou encore on a recours à la raillerie pour jeter le ridicule sur des croyances respectables.

(1) Le philosophe Vanini fut encore condamné au bûcher par le parlement de Toulouse en 1619.

D'autre part, si notre position sociale nous offre les moyens de nuire matériellement à ceux qui ne pensent pas comme nous, de les atteindre dans leurs intérêts, on ne se fait pas scrupule d'en user. On voit des patrons refuser de l'ouvrage à un ouvrier, de l'avancement à un employé ; des propriétaires renvoyer un fermier, parce que ceux-ci ne partagent pas leurs croyances.

Tous ces procédés sont contraires, non seulement à la justice, mais aux intérêts mêmes de la cause que l'on prétend servir.

L'injure, la calomnie, les abus de pouvoir restent des choses mauvaises, quel que soit le but que l'on poursuive par leur moyen. On ne saurait trop le répéter : la fin ne justifie pas les moyens.

Ici la fin elle-même est loin d'être toujours bonne. Sous le nom de saines doctrines, de bonne cause, c'est souvent l'erreur, le préjugé, la superstition qu'on a défendus contre la vérité. L'histoire le prouve : Socrate avait une morale bien plus pure que ceux qui le condamnèrent à boire la ciguë comme coupable de corrompre la jeunesse. La religion des martyrs chrétiens était très supérieure à celle de leurs bourreaux. Galilée fut menacé du dernier supplice pour avoir dit que la terre tournait, ce qui est aujourd'hui une vérité scientifique élémentaire.

Il faut se contenter, comme il est dit dans la logique de Port-Royal, de défendre la vérité par les armes qui lui sont propres et que le mensonge ne peut emprunter, qui sont les raisons claires et solides.

Les mobiles de l'intolérance. — Au fond, l'amour de la vérité est loin d'être le seul mobile de l'intolérance, l'orgueil et l'intérêt y sont pour beaucoup. Il y a des hommes arrogants qui considèrent la contradiction comme une injure et ne supporte pas que l'on puisse avoir raison contre eux. Ils aiment mieux fermer violemment la bouche à leurs adversaires que de s'exposer à douter d'eux-mêmes en les écoutant. D'autres tiennent à des préjugés favorables à leurs intérêts, comme les nobles avant la Révolution, et ils traitent en ennemi public quiconque met en question la légitimité de leurs privilèges.

Les conséquences de l'intolérance.—L'intolérance, mauvaise dans ses procédés et dans ses causes, est funeste dans ses conséquences.

Sans revenir sur les suites de la révocation de l'édit de Nantes, l'intolérance telle qu'elle peut exister de nos jours éternise les préjugés et empêche la lumière de se faire ; et, d'autre part, elle porte atteinte non seulement aux droits, mais à la moralité même de ceux envers qui elle s'exerce. C'est un devoir pour chacun de parler et d'agir d'après sa conscience ; y renoncer par crainte, c'est faiblesse et lâcheté ; professer des opinions qu'on ne partage pas, c'est hypocrisie. Or, on ne peut espérer inculquer dans les âmes une croyance par la violence ; il faut convaincre et non contraindre.

Esprit de patience et de tolérance dans la discussion. — La tolérance seule peut venir à bout de la résistance des esprits attachés à l'erreur et assurer le triomphe de la vérité.

Si nous voulons amener les autres à penser comme nous, ce qui est parfaitement légitime, car toute opinion sincère cherche à se répandre, il n'y a qu'un moyen, la discussion. Les preuves, les arguments sont les seules armes qui conviennent pour attaquer l'erreur. Encore faut-il s'en servir sans oublier le

respect dû aux opinions d'autrui. Celui qui a raison
d'une manière hautaine et brutale, offense son adversaire, l'exaspère et l'empêche de faire son profit des
vérités qu'il lui fait entendre. Si, au contraire, au
lieu de témoigner du dédain pour lui, on l'écoute pa-
tiemment de manière à se rendre compte de ses idées,
on a bien plus de force ensuite pour le réfuter. Il est
porté à nous écouter nous-mêmes avec attention, il
dépouille toute prévention injuste à notre égard, et si
nous l'avons convaincu, il n'éprouve aucune humilia-
tion à changer d'avis, il se rallie sans embarras à une
opinion qui a gagné d'abord sa sympathie.

AVANTAGES DE LA LIBRE CRITIQUE ET DE LA CONTRADIC-
TION. — La discussion profite doublement à la vérité,
car d'ordinaire elle est utile à la fois aux deux contra-
dicteurs. Il est rare que l'un des deux soit complètement dans le vrai, et l'autre complètement dans le
faux; les opinions soumises à la critique perdent ce
qu'elles ont d'excessif et d'exagéré et, si elles résistent
à l'épreuve, elles ont désormais plus de poids et d'autorité.

Au nombre des avantages de l'éducation en commun,
il faut placer la libre discussion entre camarades. Au
collège, chacun parle avec la franchise de son âge et
critique en toute sincérité les idées des autres; ainsi
peu à peu les préjugés que chacun avait pu apporter
s'annulent et il se fait une moyenne de bon sens et de
raison.

LA LIBERTÉ DE LA PRESSE. — Rappelons aussi les
bienfaits de la presse dans un pays libre; toutes les
questions sont examinées au grand jour, les raisons
pour et contre sont présentées devant l'opinion qui juge
en connaissance de cause. Là, au contraire, où la
liberté de la presse et de la tribune n'existe pas, les

doctrines les plus dangereuses se répandent secrètement et séduisent les esprits sans défense à la faveur
du mystère, pendant que le gouvernement privé des
avertissements salutaires de la critique, aveuglé par
sa confiance en lui-même, commet les fautes les plus
énormes sans voir le péril.

La tolérance n'est pas l'indifférence. — Distinction
du martyr et du fanatique. — On a fait à la tolérance
cette objection, qu'elle conduit à l'indifférence et au
scepticisme (1). Cela n'est pas. L'amour le plus profond
pour la vérité et pour la justice, la foi politique et religieuse la plus vive, le zèle de la propagande, l'ardeur
à combattre l'erreur peuvent se concilier avec le respect des personnes et du droit. Un homme tolérant
sera, s'il le faut, le martyr de sa foi, car la tolérance
n'empêche personne de donner sa vie pour ses croyances; elle défend, ce qui est bien différent, de leur
sacrifier la vie des autres. C'est en cela que consiste
la différence entre le martyr et le fanatique ; le premier meurt plutôt que de renier sa croyance, le second
tue pour imposer la sienne.

Le droit de légitime défense vis-à-vis du fanatisme.
— Il est bon de faire observer que le fanatisme n'a pas
droit à la tolérance qu'il refuse aux autres. Là aussi
la réserve du cas de légitime défense est applicable ;
celui qui attente à la liberté de conscience dans autrui,
ne peut exiger qu'on respecte en lui une croyance
intolérante. Le droit de chacun est limité par celui
d'autrui. Toutes les opinions sont libres, sauf celles
qui prétendent exclure toutes les autres. Les obligations de la justice sont réciproques, et on ne peut

(1) Le sceptique est celui qui fait profession de ne croire à rien, de
douter de tout. C'est, du reste, une qualification qu'on donne souvent
à tort à ceux qui ont des croyances contraires aux nôtres.

exiger des autres ce qu'on leur refuse à eux-mêmes.
« Pour qu'un gouvernement, a dit Voltaire dans son
Traité sur la Tolérance, ne soit pas en droit de punir
les erreurs des hommes, il est nécessaire que ces
erreurs ne soient pas des crimes ; elles ne sont des
crimes que quand elles troublent la société ; elles
troublent la société dès qu'elles enseignent le fanatisme ; il faut donc que les hommes commencent par
n'être pas fanatiques pour mériter la tolérance. »

CHAPITRE XI

RESPECT DE LA PERSONNE DANS SES BIENS — LA PROPRIÉTÉ. — LE VOL.

La personne doit être respectée dans ses biens comme en elle-même.
Objection. — Le Communisme.
La propriété est une institution naturelle et légitime ; elle a sa source
 dans le travail. — Le droit de premier occupant.
Préjugés sur l'état sauvage. — Les bienfaits de la civilisation. — La
 propriété est nécessaire à la prospérité sociale. — Origine de l'inégalité des fortunes. — Légitimité de la transmission des biens par
 héritage.
Les différentes formes de vol. — Les dettes. — La fraude. — La
 probité.

LA PERSONNE DOIT ÊTRE RESPECTÉE DANS SES BIENS
COMME EN ELLE-MÊME. — La propriété est « un droit
inviolable et sacré (1) », et le respect de ce droit
s'impose comme un devoir dont la violation est flétrie

(1) Déclaration des droits de l'homme de 1789 (art. 17).

par l'opinion et punie par les lois sous le nom de vol.

Attenter à la vie d'un homme est un crime : les aliments, les vêtements et l'argent qui les procure sont nécessaires à la vie ; celui qui en dépouille son semblable le menace dans son existence.

Attenter à la liberté d'un homme est un crime : or, celui qui s'approprie les fruits du travail de son semblable le traite par là même en esclave ; car l'esclave est celui qui est contraint d'abandonner à autrui les fruits de son travail.

Par cela même que l'homme s'appartient à lui-même, les produits de son activité et de son industrie lui appartiennent, il a seul droit sur eux. Il peut les donner s'il veut au lieu de les consommer lui-même, mais nul n'a le droit de les lui prendre.

Le devoir de respecter la personne dans ses biens se déduit du devoir de la respecter dans sa vie et dans sa liberté.

OBJECTION. — LE COMMUNISME. — Le vol n'a pas toujours pour effet d'enlever à un homme ses moyens d'existence ni de le dépouiller des fruits de son travail. Il y a des riches qui ont bien plus qu'il ne faut pour vivre, et qui doivent leur fortune non pas à leur travail mais à leurs parents, dont ils l'ont reçue par héritage.

Dans ce cas la propriété est-elle légitime, est-ce un devoir de la respecter ? La loi protège les biens de tous et interdit absolument le vol ; la loi est-elle juste ?

— Certes, la conscience est d'accord avec la loi et nous dit que le vol est un crime dans tous les cas ; et pourtant la conscience s'étonne, murmure, en voyant quelques individus qui ne se sont donné que la peine de naître, nager dans l'opulence et dépenser pour leur superflu, pour leur luxe, des sommes capables de nourrir des familles entières pendant que tant de malheureux manquent du nécessaire. On est tenté de dire que cela n'est pas juste et que la propriété dans ce cas est elle-même un vol fait à tous.

A diverses époques, il s'est trouvé des hommes pour formuler bien haut cette objection : ils ont soutenu que la propriété n'est pas un droit, et qu'il faut changer la loi qui permet à quelques individus de posséder seuls des biens dont tous ont besoin. On désigne ces réformateurs politiques sous différents noms et surtout sous celui de *communistes*. Tel fut pendant la Révolution Gracchus Babeuf (1).

« La nature a donné à chaque homme un droit égal à la jouissance de tous les biens, disait-il, nul n'a pu sans crime s'approprier exclusivement les biens de la terre et de l'industrie. La terre n'est à personne, les fruits sont à tout le monde. Les riches qui ne veulent pas renoncer au superflu en faveur des indigents sont les ennemis du peuple. Nous réclamons, nous voulons la jouissance commune des fruits de la terre. »

Ce que disait Babeuf vous pourrez l'entendre répéter encore aujourd'hui. Mais ceux qui disent cela se trompent et nous nous trompons nous-mêmes si d'aventure nous nous irritons de voir une grande fortune aux mains d'un seul.

La propriété est une institution naturelle. — La propriété a existé et existe chez tous les peuples civilisés. Elle satisfait un besoin primitif du cœur humain, celui de posséder quelque chose qui soit bien à nous, dont nous puissions disposer à notre gré, qui fasse en quelque sorte partie de nous-mêmes. Un enfant ne se contente pas d'un jouet prêté dont il partage la

(1) Condamné à mort sous le Directoire en 1797.

jouissance avec un autre, il le veut à lui. L'homme est de même, il met son bonheur à acquérir quelque chose en propre, à être le maître de la terre qu'il cultive. La possession n'est pas seulement pour lui un moyen de satisfaire ses besoins, elle est une jouissance par elle-même; on se sent plus puissant, plus libre à mesure que l'on possède davantage. L'amour de la propriété est un des mobiles les plus forts de notre activité, il nous pousse à travailler au-delà de nos besoins, à produire plus que nous ne dépensons, à nous priver pour épargner.

Ce penchant d'ailleurs n'est pas purement égoïste, un père de famille ne pense pas qu'à lui quand il cherche à accroître son bien, il pense à ses enfants, il veut assurer leur avenir, il est heureux à l'idée qu'ils jouiront du fruit de ses peines :

> Mes arrière-neveux me devront cet ombrage.

il leur laisse ce qu'il possède, et ceux-ci se trouvent ainsi maîtres d'une fortune qu'ils n'ont pas acquise par eux-mêmes. La communauté des biens n'enlèverait pas seulement à l'homme le moyen de travailler à son propre bonheur, mais celui de concourir au bonheur des autres, elle lui interdirait la générosité et la bienfaisance, qui sont ses plus belles vertus. Pour donner il faut posséder.

La propriété est légitime. — Elle a sa source dans le travail. — Le droit de premier occupant. — Les pauvres n'auraient le droit de se plaindre et d'attaquer la propriété que si pour obéir à l'instinct de possession ou pour écouter la voix du cœur, l'homme qui s'est créé une fortune leur avait fait tort à eux-mêmes et les avait dépouillés.

En est-il ainsi? Celui qui possède au-delà du

nécessaire prend-il la part des autres ? A première vue, il peut le sembler, mais rien n'est plus faux.

La vie n'est pas un immense banquet où tous n'auraient qu'à s'asseoir pour avoir leur part, mais aussi où ils devraient se contenter de leur part. Il ne faut pas croire que la terre offre naturellement les biens de toute espèce à l'humanité : s'il en était ainsi, il serait en effet injuste qu'un homme prît pour lui tout seul la part de plusieurs, tous auraient un droit égal au trésor commun. Mais un pareil Eldorado n'existe que dans l'imagination des poètes. La réalité est toute différente; il faut voir le monde tel qu'il est, comme un vaste atelier où chacun travaille et a droit à un salaire d'autant plus élevé qu'il est plus laborieux et plus habile.

L'homme en venant sur terre ne trouve pas le blé ou le vin tout prêts à consommer, les vêtements tout tissés, les maisons toutes faites attendant leur hôte.

« Tu mangeras ton pain à la sueur de ton front », voilà la loi.

Les biens dont nous jouissons n'existent pas à l'état naturel, l'homme doit véritablement les créer par son travail.

La France, par exemple, n'a pas toujours été ce que nous la voyons aujourd'hui, une terre fertile couverte de moissons, de vignobles, de pâturages. Des forêts remplies d'animaux malfaisants et de plantes inutiles, des marécages couvraient son sol. Il a fallu pour récolter le blé, dessécher la terre, la défricher, l'ensemencer, et c'est ce travail qui lui a donné sa valeur.

A qui la moisson devait-elle appartenir alors, sinon à celui qui l'avait fait pousser; à qui le champ devait-il revenir, sinon au premier occupant qui l'avait fécondé de ses sueurs?

Préjugés sur l'état sauvage. — Les bienfaits de la civilisation. — Les adversaires de la propriété disent : La prise de possession d'un terrain inoccupé a été une usurpation, un vol commis par le premier qui s'en est emparé; car ceux qui viennent ensuite quand toute la terre est occupée, comme cela a lieu chez nous aujourd'hui, n'ont plus rien à défricher, et s'ils naissent pauvres le moyen de vivre leur a été enlevé. Au contraire, dans les pays sauvages, dans les forêts vierges, la terre nourrit celui qui l'habite, les fruits des arbres, la pêche, la chasse suffisent à son existence.

Ainsi les propriétaires du sol auraient enlevé aux autres hommes les moyens d'exercer le droit de cueillette, le droit de chasse, le droit de pêche, et les auraient par là réduits à la misère et exposés à mourir de faim. Leur prise de possession serait un crime envers tout le monde.

N'en croyez rien, cette prise de possession a été un bienfait au contraire pour tout le monde. Ils ont usé d'un droit naturel en ensemençant la terre, et loin de nuire aux autres en les empêchant de vivre, ils leur en ont fourni les moyens et leur ont procuré des ressources infiniment plus abondantes que celles que présentaient jusque-là les solitudes incultes. Quand la propriété a existé, les métiers, les industries de toute nature ont pu s'établir; en naissant aujourd'hui l'homme le plus pauvre apporte un droit incomparablement plus utile que celui de cueillette ou de chasse, le droit de gagner sa vie dans l'une des mille occupations qu'offre à tout travailleur une société civilisée.

Dans cet état sauvage dont parlent les adversaires de la propriété, une lieue carrée de terrain suffit à peine à nourrir un homme; dans les pays civilisés elle en nourrit actuellement plus de mille. L'institution de la propriété, loin de nuire à l'humanité, l'a donc enrichie et lui a permis de se développer.

Les économistes (1) ont calculé que le dernier des ouvriers peut gagner aujourd'hui en 50 ou 60 jours de travail la valeur du blé nécessaire à sa subsistance pendant une année. C'est là un sort heureux si on le compare à l'existence précaire du sauvage sans cesse tourmenté par la faim, sans cesse en guerre contre les ennemis de tout genre et incertain du lendemain. Peu importe, en somme, que l'ouvrier trouve le sol occupé, divisé et enclos, s'il vit de son travail mieux qu'il ne le ferait dans un monde où la propriété n'existerait pas. Le propriétaire qui a défriché et cultivé la terre n'est pas un usurpateur, il n'a pas spolié les autres, il a au contraire amélioré leur sort.

Il y a malheureusement encore dans notre société des hommes privés du nécessaire et pressés par la faim ; mais il y en aurait bien davantage sans la propriété, ou pour mieux dire, la plupart de ceux qui vivent aujourd'hui n'auraient pu exister.

La propriété est nécessaire a la prospérité sociale. — L'intérêt du pauvre n'est pas qu'il n'y ait pas de riches, mais qu'il y en ait beaucoup, car ses salaires seront d'autant plus élevés que ses services seront demandés par un plus grand nombre et qu'il y aura plus de capitaux pour le rémunérer. Qu'arriverait-il si la propriété était supprimée aujourd'hui ou s'il était interdit de posséder au-delà d'une certaine quantité de biens ? C'est que les hommes en possession du nécessaire, au lieu de travailler pour obtenir le superflu et les jouissances que donne la

(1) L'*Économie politique* est la science qui nous apprend comment se forme la richesse des nations.

richesse, ne feraient plus rien ; car ils ne voudraient pas se donner de la peine sans profit, et on ne pourrait les y forcer sans attenter à leur liberté, sans en faire des esclaves publics. On empêcherait par conséquent de se former la fortune qu'on avait la prétention de partager également entre tous. Quant aux biens qui existent, ils seraient bientôt anéantis. On voulait l'égalité dans la richesse, on n'obtiendrait que l'égalité dans la misère.

Origine de l'inégalité des fortunes. — L'inégalité des fortunes résulte de l'inégalité des qualités individuelles et est seule compatible avec l'égalité des droits.

Il y a des riches parce qu'il y a des hommes qui travaillent plus que les autres, qui sont plus forts, qui sont plus intelligents, qui sont plus économes. Il y a des pauvres parce qu'il y a des paresseux, des dissipateurs, des hommes plus faibles et moins bien doués par la nature.

Il serait injuste d'empêcher les premiers de déployer leur activité comme ils l'entendent et de jouir des fruits de leur travail ; et les seconds, loin d'y rien gagner, y perdraient. La richesse est le produit du travail et de l'épargne ; il serait aussi contraire à l'intérêt de la société qu'à la justice d'en dépouiller ceux qui, en s'imposant mille privations et en se donnant beaucoup de peine, ont créé des biens qui n'existaient pas.

Légitimité de la transmission des biens par héritage. — Il y a des hommes, il est vrai, qui sont riches sans travailler, de naissance ; ils n'ont eu que la peine de venir au monde pour jouir de tous les biens qu'un ouvrier laborieux n'aura jamais. Cela paraît inique au premier abord, et le riche oisif est comme un frelon dans la ruche sociale.

Certes, l'oisif, quelle que soit sa fortune, a tort, grand tort de ne rien faire. Mais sa propriété est légitime encore et doit être respectée. Cette propriété il la tient de ses parents, qui eux ont travaillé pour l'acquérir, et ce qu'on doit respecter en elle c'est leur travail et leur droit. Le bien qu'un homme a acquis il peut en faire ce qu'il veut, il peut le consommer, il peut le donner aussi. S'il peut le donner de son vivant, il peut le laisser après sa mort à ses enfants. Si vous lui refusez ce droit, qu'arrivera-t-il ? Ou bien il le donnera de son vivant, ou bien il le dépensera, ou enfin il ne prendra pas la peine d'amasser une fortune dont il ne pourrait disposer en faveur des siens. De toute manière les autres hommes n'auront rien gagné à l'empêcher de suivre le penchant de son cœur et d'assurer l'aisance à ceux qu'il aime.

Il y aurait bien d'autres arguments à faire valoir en faveur de la propriété ; mais nous en avons dit assez pour faire comprendre qu'elle est vraiment « un droit inviolable et sacré », que les lois qui la protègent sont justes et que le vol est aussi bien condamné par la morale que par le code.

LES DIFFÉRENTES FORMES DU VOL. — LES DETTES. — LA FRAUDE. — Le vol se produit par violence ou par fraude. Le vol à main armée n'est pas seulement un attentat contre les biens, mais contre les personnes, et il peut être puni des travaux forcés à perpétuité. Le vol le plus fréquent est celui qui est commis par fraude et par ruse, alors il prend mille formes diverses et se dissimule de mille manières. La loi le punit sous le nom d'escroquerie, de banqueroute frauduleuse, d'abus de confiance, etc. Bien des hommes, malheureusement, sans être des voleurs de profession, n'ont pas assez de respect du bien d'autrui, et sans encourir les rigueurs de la loi sont méprisables. Tel celui qui emprunte sans avoir la certitude de rendre, et de rendre à l'époque promise. Il y a quelque chose de particulièrement honteux à ne pas s'acquitter si un créancier s'en est remis à votre honneur et n'a pas de garanties contre vous. L'opinion n'est pas toujours assez sévère à l'égard de ceux qui s'endettent ; on plaisante volontiers les créanciers et les huissiers. Il faut cependant appeler les choses par leur nom : refuser de payer son créancier c'est le voler.

C'est voler aussi que de tromper sur la quantité et la qualité de la marchandise livrée, que de garder un objet trouvé sans chercher le possesseur, que de profiter d'une erreur commise à notre profit, par exemple sur la note d'un fournisseur.

Aveuglés par l'intérêt, dominés par le désir de faire vite fortune, bien des hommes se font illusion sur la nature des procédés qu'ils emploient ; il faut pour mériter le nom d'honnête homme être respectueux jusqu'au scrupule des droits et des intérêts d'autrui.

LA PROBITÉ. — Le commerçant est fier de sa probité comme le soldat de son courage, et avec raison ; la probité, pour avoir moins d'éclat que la bravoure des champs de bataille, n'en est pas moins essentielle au maintien de la société. La probité exige un vif sentiment de la justice, et beaucoup d'empire sur les passions égoïstes. Le plus souvent, surtout dans le commerce, elle porte avec elle sa récompense : elle est une garantie du succès car elle assure un vaste crédit et inspire la confiance. Le renom d'une vie d'honneur commercial et de probité n'est pas une faible part du patrimoine qu'un homme laisse à ses enfants. Le malhonnête homme, alors même qu'il réussit et fait fortune, a encore un sort misérable, il vit, lui et les siens, au milieu de la défiance publique: bien mal acquis, dit le proverbe, ne profite pas ; cela est vrai ; les fruits de l'injustice sont comme empoisonnés. Il n'y a qu'un moyen, la faute commise , sinon de l'effacer, du moins de l'atténuer et d'apaiser la conscience, c'est la restitution. Le respect du bien d'autrui a tant de puissance dans les âmes, qu'il n'est pas rare de voir des hommes s'attacher, au prix des plus grands sacrifices, à réparer, sans y être contraints, le préjudice dont ils ont été eux-mêmes ou dont seulement l'un des leurs a été la cause, et parfois la cause involontaire. Là est le devoir, et ce sont les exemples à suivre.

CHAPITRE XII

RESPECT DE LA PERSONNE DANS TOUS SES INTÉRÊTS. — DEVOIRS PROFESSIONNELS. CARACTÈRE SACRÉ DES PROMESSES ET DES CONTRATS.

I. Attentats contre la propriété commis par vengeance. — Les égoïstes. — Le respect scrupuleux des intérêts d'autrui.

II. Devoirs professionnels. — L'échange des services dans la vie sociale.
La responsabilité dans les erreurs professionnelles.
L'héroïsme dans l'accomplissement des devoirs professionnels.

III. Caractère sacré des promesses et des contrats. — La bonne foi.
Des diverses sortes d'engagements. — Les contrats. — Les promesses. — Engagements tacites.
L'héroïsme dans le respect de la foi jurée.

I. — ATTENTATS CONTRE LA PROPRIÉTÉ COMMIS PAR VENGEANCE. — La vengeance peut être comme la cupidité le mobile de graves attentats contre la propriété d'autrui. Elle amène devant la cour d'assises et les tribunaux des hommes qui n'osant s'attaquer à la personne de leur ennemi ont voulu l'atteindre dans ses biens. Ils ont mis le feu à une maison, à une grange, à une meule de foin, à un bois ; empoisonné des bestiaux, tué des animaux domestiques. A l'école on voit des enfants sournois qui gâtent le vêtement du voisin à qui « ils en veulent », et brisent en cachette les jouets ou les menus objets qui lui appartiennent. Il y en a même qui font cela par pure méchanceté, par plaisir de nuire. Il est inutile d'insister.

LES ÉGOÏSTES. — Il ne suffit pas de ne pas être voleur, vindicatif ou méchant pour être un honnête homme et pour ne pas faire du tort aux autres, il faut encore quelque degré de bonté et de désintéressement. Bien des hommes se rendent coupables d'injustices plus ou moins graves, sans avoir positivement l'intention de nuire, — par insouciance, par négligence, parce que cela les gênerait d'agir autrement.

Ce sont ceux qu'on appelle proprement des égoïstes, des hommes *personnels*. L'égoïste « ne vit que pour soi, et tous les hommes ensemble sont à son égard comme s'ils n'étaient pas (1) » ; il subordonne tout à ses goûts, à ses convenances ; il est amené ainsi forcément à sacrifier les intérêts d'autrui aux siens, à faire du tort aux hommes avec lesquels il se trouve en relation.

LE RESPECT SCRUPULEUX DES INTÉRÊTS D'AUTRUI. --

----

(1). V. Labruyère, chap. *De l'Homme*, le portrait de Gnathon, qui se termine ainsi : « Il embarrasse tout le monde, ne se contraint pour personne, ne plaint personne, ne connaît de maux que les siens...., ne pleure point la mort des autres, n'appréhende que la sienne, qu'il rachèterait volontiers de l'extinction du genre humain. »

Pour ne pas nuire, il faut vouloir le bien d'autrui, il faut prendre ses intérêts. La justice elle-même ne peut exister sans quelque mélange de charité.

C'est ainsi qu'en toute action on pratiquera le respect de la personne dans ses moindres intérêts.

Il n'est pas nécessaire de nous étendre sur les applications de ce devoir, que la conscience fera reconnaître en toute occasion. Par exemple, nous aurons soin d'un dépôt qui nous aura été confié, autant et même plus que de notre bien propre ; locataire d'une maison nous en userons avec les mêmes ménagements que si nous en étions propriétaire. Il y a des personnes qui ne se font aucun scrupule de surmener un cheval qu'elles ont loué ; c'est un véritable abus de confiance outre que c'est une cruauté.

Il faut avoir les plus grandes précautions pour les objets qu'on nous prête ; il convient même de ne pas emprunter les objets de valeur sujets à se détériorer, qu'on ne serait pas capable de remplacer en cas d'accident. La probité doit aller jusqu'à la délicatesse.

11. Devoirs professionnels. — L'échange des services dans la vie sociale. — C'est surtout dans l'accomplissement des devoirs professionnels qu'on peut se montrer respectueux des intérêts des autres ou injuste à leur égard.

Chacun dans la société (abstraction faite des oisifs, qui sont rares) remplit un rôle que les circonstances ou ses aptitudes lui ont assigné, exerce un métier ou une profession qui le fait vivre. Il travaille pour les autres et les autres travaillent pour lui. Le travail nécessaire pour la production des différents biens dont nous jouissons est réparti entre tous les membres de la société, qui échangent continuellement de mutuels

services. La monnaie facilite cet échange de telle sorte,
que le médecin qui a rendu la santé à l'architecte
peut, avec l'argent qu'il a reçu de lui, demander du
pain au boulanger ou un vêtement au tailleur.

Une pièce de monnaie est comme un bon pour une
certaine quantité de services que rendra celui-ci ou
celui-là suivant les besoins du possesseur

Les services sont d'ailleurs plus ou moins rétribués
suivant leur importance, et selon qu'ils ont exigé
plus ou moins d'efforts ou d'intelligence. La vie sociale repose sur cette convention que chacun rend effec-
tivement aux autres les services qu'il s'est engagé à
leur rendre pour une somme donnée. Mais, de même
qu'il y a des marchands qui vendent à faux poids ou
trompent sur la qualité de la marchandise, il y a des
hommes dans toutes les professions qui, sans avoir
positivement l'intention de voler, dupent cependant
ceux qui les payent et ne rendent pas les services
qu'on était en droit d'en attendre.

LA RESPONSABILITÉ DANS LES ERREURS PROFESSION-
NELLES. — Il faut accomplir fidèlement et scrupuleu-
sement les devoirs de sa profession, si l'on ne veut pas,
comme le voleur, vivre aux dépens d'autrui. L'avocat
qui va au palais sans avoir étudié suffisamment le
procès qu'il plaide, et le perd ainsi par sa faute, cause
évidemment un grand dommage à son client. Que dire
du médecin qui aurait exposé par sa négligence la vie
du malade? L'ingénieur qui construit un pont, l'archi
tecte qui bâtit une maison peuvent être la cause des
accidents les plus graves, et dont ils sont responsables
non seulement devant leur conscience, mais devant
les tribunaux, s'ils n'ont pas apporté à leur besogne
toute l'attention nécessaire ou surveillé les travaux
avec assez de soin. On sait assez quelles sont, dans

les chemins de fer, les conséquences de l'inexactitude et de la négligence d'un employé.

La responsabilité n'est pas toujours aussi grave, mais quiconque perd son temps aux heures de travail, l'homme de journée dans la ferme ou le chef de bureau dans son administration, vit d'une façon malhonnête et injuste.

LE SCRUPULE ET L'HÉROÏSME DANS L'ACCOMPLISSEMENT DES DEVOIRS PROFESSIONNELS. — L'honnête homme, au contraire, respectueux des intérêts d'autrui, a à cœur de remplir dans toute leur étendue ses devoirs professionnels et sa tâche dans la société. Il doit s'y préparer de bonne heure, dès l'école, non pas seulement parce que c'est le plus sûr moyen de réussir, mais parce que son ignorance pourrait causer les plus graves dommages au prochain dans les fonctions qu'il aura à remplir; il est prêt à tenir tous les engagements qu'il a pris en les acceptant. Médecin, il ne reculera pas devant l'épidémie, mais donnera ses soins au péril de sa vie à tous ceux qui ont droit de compter sur lui; marin, il ne quittera son bord dans la tempête qu'après avoir organisé le sauvetage de tous les passagers; magistrat, il saura résister à toutes les menaces plutôt que de rendre un arrêt contraire à sa conscience. Toutes les professions n'imposent pas des sacrifices aussi graves, mais toutes imposent le devoir de bien faire ce qu'on fait et de rendre aux autres tous les services qu'ils sont en droit d'attendre de nous.

III. CARACTÈRE SACRÉ DES PROMESSES ET DES CONTRATS. — LA BONNE FOI. — On comprendra mieux la nature des devoirs professionnels en considérant le caractère sacré des promesses et des contrats en général.

Le respect des engagements pris est une forme essentielle de la justice et une condition indispensable de la vie sociale ; c'est ce qu'on appelle la bonne foi ou encore la loyauté.

La loi veille à l'observation des contrats rédigés en forme, mais alors même que l'inobservation des promesses faites échappe à la loi, la conscience la réprouve toujours. Elle est au plus haut degré contraire à l'honneur et à l'honnêteté.

C'est avec raison que l'opinion publique flétrit l'homme sans parole, et que l'on se défie de lui. C'est un homme égoïste qui ne tient pas compte de la justice, et qui, prenant l'intérêt pour seul guide, viole ses engagements quand il ne trouve pas son avantage à les tenir. C'est un menteur qui a promis ce qu'il était secrètement disposé à ne pas faire, et a ainsi usé d'une véritable fraude pour obtenir ce qu'il voulait. C'est un homme sans courage qui n'a pas la force de faire les sacrifices, prévus ou non, auxquels sa parole l'a engagé.

Des diverses sortes d'engagements. — Les contrats. — On distingue trois sortes d'engagements : l'engagement écrit ou le contrat, l'engagement oral ou la promesse, l'engagement tacite.

Tout contrat, dit le Code civil, a pour objet une chose qu'une partie s'oblige à donner, ou qu'une partie s'oblige à faire ou à ne pas faire. Le contrat lie deux ou plusieurs personnes, et ce sont ces personnes qu'on appelle les parties. Il y a par exemple le contrat par lequel un vendeur s'oblige à livrer des marchandises à tel prix, à telle époque, par lequel un ouvrier s'engage à travailler pour un patron à certaines conditions pendant un temps déterminé, ou réciproquement le patron à employer l'ouvrier ; il y a le contrat qui lie le propriétaire et le fermier, le prêteur et l'emprunteur, etc. Le contrat empêche les parties de chercher ailleurs les avantages qu'elles croient trouver dans cet engagement; elles comptent sur son exécution, et dans cette confiance prennent leurs engagements et font leurs projets en conséquence. Si l'une d'elles vient à le violer, elle a empêché l'autre d'en conclure un autre qui eût été tenu, et elle fait manquer ses entreprises : elle lui cause donc un préjudice certain et se rend coupable d'un véritable vol. La loi, il est vrai, assure l'exécution des contrats : toute obligation de faire ou de ne pas faire se résout en *dommages et intérêts* (c'est-à-dire en réparation du préjudice causé) en cas d'inexécution de la part du débiteur.

Mais il y a des gens malhonnêtes qui trouvent le moyen d'éluder la loi en s'appuyant sur un vice de forme qui rend nul le contrat ou en chicanant sur les expressions obscures ou ambiguës.

Les promesses. — On manque plus souvent aux engagements oraux, aux promesses. Malheureusement pour beaucoup de personnes, « promettre et tenir sont deux »; et pourtant « chose promise, chose due »; un honnête homme n'a qu'une parole. On s'excuse en disant : j'ai promis cette chose en l'air, cela ne tirait pas à conséquence. Au contraire, si on a promis à la légère on doit supporter les conséquences de son imprudence. Celui à qui vous avez promis a eu foi en vous, et il ne doit pas être puni d'avoir eu confiance en votre parole. S'il avait seulement eu l'air d'en douter quand vous lui promettiez, vous vous seriez cru insulté! C'est abuser de la confiance des autres et leur causer parfois de cruelles déceptions que de faire la sourde oreille quand ils vous rappellent votre promesse. On ne doit promettre que ce qui est juste, que ce que l'on croit pouvoir faire et ce qu'on a réellement l'intention de faire. Il n'est pas nécessaire qu'on ait donné sa parole d'honneur, car la parole d'un honnête homme est toujours une parole d'honneur et vaut un serment ; mais la violation de la promesse est plus grave encore quand on a usé de formules solennelles pour mieux tromper.

Engagements tacites. — Enfin il faut pousser la fidélité à ses engagements jusqu'à la délicatesse et au scrupule ; il y a des cas où on n'a rien promis positivement, où on n'a pris ni engagement écrit, ni engagement oral et où cependant par sa manière de faire on a autorisé quelqu'un à compter sur vous. C'est une injustice encore que de violer cet engagement tacite. Si l'on a commis une faute en agissant ainsi on doit en supporter les conséquences.

L'héroïsme dans le respect de la foi jurée. — Le devoir de respecter la foi jurée est tellement sacré qu'on doit l'accomplir même envers les ennemis. L'homme d'honneur prisonnier sur parole est plus lié que s'il était dans les fers ; aussi en voit-on qui préfèrent la prison et les chaînes plutôt que de s'engager à ne pas fuir. On sait comment Régulus s'est illustré en retournant à Carthage pour tenir sa parole. On connaît moins l'héroïsme d'un de nos compatriotes, Porçon de la Barbinais qui, sous Louis XIV, dans les mêmes conditions que Régulus, retourna à Alger où le supplice l'attendait, plutôt que de trahir son serment.

CHAPITRE XIII

RESPECT DE LA PERSONNE DANS TOUS SES SENTIMENTS ET SES VOLONTÉS LÉGITIMES, DANS SON INTELLIGENCE. — JUSTICE DISTRIBUTIVE ET RÉMUNÉRATIVE. — L'ÉQUITÉ.

I. Le respect des sentiments d'autrui. — La discrétion.
   Le respect de la volonté d'autrui.
   Le respect de la personne dans son intelligence. — Le mensonge.
      — Gravité du mensonge au point de vue social. — Les mobiles.
      — Les diverses formes du mensonge.
   La sincérité. — La franchise.
II. Formule de la justice distributive.
   Le mérite des personnes. — Diverses applications de la justice
      distributive.
   La reconnaissance. — Les mobiles de l'ingratitude.
   Obligation de défendre les personnes dans leur vie.
   Respect des services, des supériorités morales, de la vieillesse.
   L'équité.

La justice est le respect de la personne. Tout acte qui entrave le libre développement des facultés de l'homme est un acte injuste. Or on distingue en nous trois facultés : la sensibilité ou le cœur, l'intelligence et la volonté. En dehors des devoirs que nous avons vus, dont la violation constitue un crime ou un délit plus ou moins dangereux pour l'existence même de la société, c'est pour nous une obligation de ne rien faire qui puisse porter atteinte aux sentiments et aux volontés légitimes du prochain, qui puisse égarer son intelligence.

Le respect des sentiments d'autrui. — Respecter la sensibilité d'autrui, c'est s'abstenir de toute tentative de corruption, de tout ce qui peut flétrir son âme, offenser sa pudeur. Ce devoir est surtout impérieux à l'égard de l'enfance, dont l'innocence est véritablement sacrée et dont la faiblesse offre moins de résistance à la contagion du mal.

En outre il faut éviter de froisser les autres dans leurs affections en leur témoignant du mépris pour ceux qu'ils aiment, de les blesser dans leur légitime amour-propre par notre orgueil, dans leurs sentiments politiques ou religieux par notre intolérance.

LA DISCRÉTION. — Enfin il faut pratiquer à leur égard la discrétion sous toutes ses formes. On est indiscret lorsqu'on a la prétention de se mêler des affaires des autres, lorsqu'on fait dans un esprit de malignité ou de pure curiosité une sorte d'enquête sur leur vie, lorsqu'on les embarrasse par ses questions et qu'on les force soit à dire des choses qu'ils auraient voulu taire, soit à mentir pour échapper à l'importunité du questionneur.

On est indiscret lorsqu'on répète ce qui vous a été confié sous le sceau du secret, soit pour nuire réellement, soit, ce qui arrive plus souvent, par bavardage, pour faire l'entendu et montrer qu'on est au courant de bien des choses.

On est indiscret encore lorsqu'on divulgue un secret surpris ou entendu par hasard. Il y a des cas où l'indiscrétion devient un véritable crime, où le silence sur les affaires d'autrui s'impose d'une manière tout à fait impérieuse, c'est quand on exerce une profession qui nous livre des secrets que chacun dérobe avec soin à la curiosité du public, comme celle de médecin ou d'avocat. Tous devraient prendre comme règle de conduite la belle formule du serment prêté autrefois par les médecins : « Que personne ne révèle les secrets qu'il a pu voir, entendre ou deviner. » On donne parfois pour excuse à une indiscrétion qu'on l'a commise dans une bonne intention. Cette excuse ne vaut rien. Il ne faut pas faire le mal pour que le bien en sorte.

Une forme particulièrement grave de l'indiscrétion consiste à lire une lettre adressée à un autre, soit en brisant le cachet, soit en profitant d'un hasard qui nous l'a livrée tout entière. Voler la pensée d'autrui, pénétrer par effraction pour ainsi dire dans sa conscience, c'est souvent plus grave que de voler de l'argent, c'est aussi une infamie. La preuve, c'est qu'on donnerait gros souvent pour qu'un secret de famille, un embarras d'argent, une brouille domestique ne fût pas connue des étrangers. On ne saurait trop respecter cette sorte de pudeur qui fait qu'un homme ne veut pas, ne doit pas même laisser pénétrer dans toutes les particularités de sa vie privée le regard des indifférents.

LE RESPECT DES VOLONTÉS D'AUTRUI. — En parlant du devoir de respecter la liberté d'autrui, nous avons montré qu'on ne devait sous aucun prétexte faire obstacle aux volontés légitimes des autres, à celles de leurs entreprises qui ne violent elles-mêmes aucun droit.

Les dernières volontés d'un mourant, quand elles s'accordent avec la loi, sont particulièrement sacrées. Ce serait une erreur de croire qu'on n'a plus de devoirs envers un mort. Il n'est pas plus permis de manquer à une promesse envers ceux qui ne sont plus que d'en médire ou de les calomnier.

Quant à l'intelligence, nous avons dit comment on pouvait y porter atteinte en même temps qu'à la liberté par l'intolérance. Il faut ajouter qu'on ne doit en aucune manière empêcher les autres de s'instruire, comme le faisaient les possesseurs d'esclaves qui consommaient leur crime en maintenant systématiquement ces malheureux dans l'ignorance.

Celui qui prétendrait posséder la vérité pour lui seul et empêcher les autres de la connaître, qui mettrait, comme on dit, la lumière sous le boisseau, quel que soit le prétexte, serait coupable d'une grave injustice. La vérité est bienfaisante. Elle ne saurait avoir de conséquences funestes pour personne.

LE MENSONGE. — GRAVITÉ DU MENSONGE AU POINT DE VUE SOCIAL, SES MOBILES. — Enfin, il ne faut tromper personne. En même temps que c'est un devoir de dignité personnelle de ne pas mentir, c'est un devoir social de ne pas induire les autres en erreur. Il y a entre tous les membres d'une société ce contrat tacite que chacun se servira de sa parole pour dire la vérité ; la confiance naturelle que nous avons dans la parole d'autrui est nécessaire dans toutes les relations de la vie. L'éducation repose sur la foi que l'enfant accorde aux paroles des parents ou du maître, et les tribunaux ne peuvent rendre la justice qu'en s'appuyant sur la véracité des témoins. Le mensonge, en éveillant la défiance, détruit la sympathie et corrompt ce commerce si doux dans lequel les hommes échangent entre eux leurs sentiments et leurs idées.

Pour comprendre la gravité du mensonge, il faut en considérer les mobiles : ou bien c'est l'intérêt, et alors il se confond avec la supercherie, avec la fraude, tel le mensonge du marchand qui vend une chose pour une autre ; ou bien c'est la lâcheté qui fait qu'un homme recule devant la responsabilité de ses actes et nie ce qu'il a fait, le mensonge est alors l'auxiliaire de tous les vices ; ou bien c'est la vanité qui nous fait exagérer le bien que nous avons pu faire ou inventer celui que nous aurions dû faire ; ou bien c'est la malice qui pousse à tromper et à abuser de la crédulité des autres. Tel, par exemple, paie d'un avis mensonger la confiance qu'on a mise en lui, il a cru faire une bonne plaisanterie en égarant une personne ignorante ou un enfant, et ce n'est qu'un sot malfaisant.

Nous sommes nous-mêmes très confus et très irrités quand nous reconnaissons que nous avons été pris pour dupes. C'est donc une faute de faire aux autres ce que nous ne voulons pas qu'on nous fasse. Le but de l'intelligence, c'est la vérité, et nous détournons une intelligence de son but quand nous l'induisons en erreur.

LES DIVERSES FORMES DU MENSONGE. — Le mensonge s'appelle l'hypocrisie quand il consiste à dissimuler ses vices ou à s'attribuer des vertus dont on est privé. Il s'appelle la flatterie quand il feint pour les qualités d'autrui une admiration qu'on n'a pas.

Le parjure, qui consiste ou à prêter un faux serment ou à violer un serment antérieur, est un double mensonge ; car se parjurer c'est mentir d'abord en affirmant une chose fausse, et ensuite en affirmant sur l'honneur, sur quelque chose de sacré, sur le nom même de la divinité, que l'affirmation est vraie. C'est avec raison qu'en tous lieux, les hypocrites, les flatteurs, les parjures ou simplement les menteurs sont flétris par l'opinion publique.

LA SINCÉRITÉ. — LA FRANCHISE. — Même chez les peuples sauvages, au contraire, la sincérité et la franchise sont en honneur. On cite dans le centre de l'Inde de pauvres sauvages qui ne mentent jamais et devant lesquels les Européens civilisés auraient bien à rougir. On rapporte cette parole d'une négresse qui venait de perdre son fils : « Jamais, non jamais, il n'a menti. » Cet éloge en enfermait beaucoup d'autres, car la sincérité est la garantie des autres vertus. « Qui s'obligerait à tout dire s'obligerait à ne rien faire de ce qu'on est contraint de taire (1). »

La sincérité ou la franchise ne consiste pas à dire à tout venant ses vérités, surtout les vérités désagréables. On doit penser tout ce qu'on dit, mais on ne doit pas dire tout ce qu'on pense. La franchise doit être tempérée par le respect des sentiments d'autrui, dont on évitera de froisser la légitime susceptibilité. C'est un grand orgueil, d'ailleurs, que de s'ériger perpétuellement en censeur des défauts du prochain.

La sincérité n'exige pas non plus qu'on énonce des faits réels mais dont la connaissance peut être dangereuse à celui qui nous interroge. Par exemple, un médecin ou toute autre personne qui dirait brutalement à un malade inquiet, qu'il est en danger de mort, risquerait de le tuer du coup.

On ne doit pas non plus pousser le rigorisme jusqu'à éviter l'usage des formules de politesse comme « votre serviteur ! » Aussi bien serait-il ridicule de les prendre au pied de la lettre.

II. Formule de la justice distributive. — On a donné de la justice ces deux formules : « Ne nuire à personne » et « *rendre à chacun ce qui lui est dû.* » La seconde en dit plus que la première. En effet, elle ne signifie pas seulement qu'on doit restituer un dépôt ou payer ses dettes, mais encore qu'on doit traiter chacun suivant son mérite.

______

(1) Montaigne, grand moraliste français (1533-1592).

Indépendamment des droits généraux inhérents à la personne humaine, il y a des droits particuliers que chaque homme se crée à lui-même par les services qu'il rend : un bienfaiteur, par exemple, a droit à la reconnaissance de son obligé. Ces droits doivent être respectés comme les autres. On appelle justice distributive et rémunérative l'obligation de traiter chacun suivant son mérite.

Lorsqu'il s'agit d'une dette à payer ou d'un dépôt à rendre, on ne fait pas acception des personnes, et on ne se préoccupe pas de savoir si le créancier est un homme illustre ou obscur, vertueux ou vicieux. Devant la loi tous sont égaux.

LE MÉRITE DES PERSONNES. — DIVERSES APPLICATIONS DE LA JUSTICE DISTRIBUTIVE.—Mais s'il s'agit de services à rétribuer, de récompenses à donner, ou d'honneurs à rendre, il faut au contraire tenir compte de l'inégalité des personnes. Car si un homme qui a rendu de grands services était traité comme un homme qui n'en a rendu que de médiocres, ou même qui a fait du mal, évidemment c'est ce dernier qui serait favorisé. L'égalité ici serait injuste.

La justice distributive établit une égalité de proportion fondée sur l'inégalité même des personnes, c'est-à-dire qu'elle proportionne le salaire, les récompenses, les honneurs, aux services rendus. Dans une société industrielle ou commerciale, la part de bénéfices destinée à chacun est proportionnelle à la part du capital qu'il a apportée. C'est une application de la justice distributive. Dans un atelier, il n'est pas juste qu'un mauvais ouvrier soit payé autant qu'un bon, la justice distributive veut que l'ouvrage plus difficile soit plus rémunéré et que pour un même ouvrage celui qui travaille plus gagne plus. Rien de chimérique, rien d'injuste comme la prétention de mettre sur la même ligne l'homme intelligent et habile et l'ignorant incapable, le travailleur et le paresseux.

Dans la société en général, il est juste que ceux qui rendent le plus de services soient le plus rémunérés ; c'est la grande règle qui préside à la répartition des biens et explique en partie l'inégalité des conditions sociales.

Enfin la justice distributive exige que les tribunaux proportionnent le châtiment du coupable au crime qu'il a commis.

LA RECONNAISSANCE.—LES MOBILES DE L'INGRATITUDE. — Parmi les devoirs qui dérivent de la justice distributive, il faut placer la reconnaissance. L'ingratitude viole la règle qui ordonne de rendre à chacun ce qui lui est dû.

L'ingratitude a une double forme : elle consiste soit à faire du mal à celui qui vous a fait du bien, et c'est alors un crime deux fois odieux, soit à ne pas rendre le bien pour le bien. Dans ce dernier cas, elle est encore flétrie à bon droit, car elle est l'indice des plus mauvais penchants. Elle provient soit de l'égoïsme, soit de l'orgueil ou de l'envie. L'ingrat estime que tout lui est dû et que les autres sont très honorés d'avoir pu le servir ; ou bien il se sent humilié d'avoir eu besoin de quelqu'un et il est secrètement irrité contre son bienfaiteur des services qu'il en a reçus.

La reconnaissance ne doit pas seulement être extérieure mais intérieure, c'est une vertu du cœur ; celui qui se hâterait d'acquitter une dette de reconnaissance par amour-propre et comme pour se délivrer d'un fardeau, au fond ne serait qu'un ingrat.

La reconnaissance se mesure à l'étendue des bienfaits. A vrai dire, chacun de nous a une dette de reconnaissance envers la société tout entière. Il suffit pour s'en convaincre de réfléchir aux bienfaits de la vie sociale et aux services incessants que nous recevons de nos semblables depuis la naissance jusqu'à la mort. Mais nous devons plus évidemment à nos parents qu'aux autres hommes, à nos amis qu'aux inconnus, à nos concitoyens qu'aux étrangers.

OBLIGATION DE DÉFENDRE LES PERSONNES DANS LEUR VIE — On peut considérer comme un devoir de stricte justice en même temps que comme un devoir de charité l'obligation de défendre dans la mesure du possible toute personne dont la vie est menacée. Un homme qui s'éloignerait en entendant appeler au secours ne serait pas innocent de la mort du malheureux qui l'implorait et qui, en pareil cas, lui serait probablement venu en aide.

De même en cas d'incendie on met en réquisition tous les bras si cela est jugé nécessaire ; à bon droit, car chacun doit faire pour les autres ce que les autres feraient pour lui en pareille circonstance.

RESPECT DES SERVICES, DES SUPÉRIORITÉS MORALES DE LA VIEILLESSE. — Les hommes qui ont rendu les plus grands services à la société ont droit à l'estime et au respect de tous. C'est les frustrer de la récompense qui leur est due que de se refuser à leur rendre hommage. Il en est de même de tous ceux dont nous reconnaissons la supériorité morale. Il est vrai que le respect est un tribut que nous ne pouvons leur refuser, que nous le voulions ou non, car il s'impose à notre conscience ; mais il nous est possible de le dissimuler, d'en contenir les marques extérieures, et cela est mal. Loin de s'abaisser, on s'élève en honorant le mérite. Rien de bas au contraire comme l'esprit de dénigrement et l'envie. Craignons de ressembler à cet Athénien qui vota pour l'exil d'Aristide, parce qu'il était fatigué d'entendre toujours répéter : Aristide le Juste !

On doit aussi témoigner de la déférence aux vieillards, et il y a lieu d'admirer l'usage touchant qui faisait qu'à Sparte tout le monde se levait sur leur passage. Le vieillard en effet, quand aucune souillure ne déshonore ses cheveux blancs, a le mérite d'avoir traversé victorieusement l'épreuve de la vie, d'avoir résisté aux tentations auxquelles tant d'autres ont cédé, d'avoir accompli sa tâche dans la société et fourni sa part à l'œuvre commune. Sa faiblesse d'ailleurs a droit aux égards qu'on témoigne aux femmes, aux petits enfants, à tous les êtres qui ont besoin de protection.

Équité. — On donne le nom d'équité à la vertu qui consiste à pratiquer les devoirs de la justice distributive.

Ce mot cependant est aussi pris dans une autre acception. L'équité s'oppose à la justice étroite ou stricte qui consiste dans la conformité rigoureuse à la lettre de la loi écrite. Une loi est une formule abstraite et générale qui ne se plie point à tous les cas, et une application trop stricte de la loi peut être injuste. L'équité corrige l'injustice de la justice étroite.

CHAPITRE XIV

DEVOIRS DE CHARITÉ.

La bienveillance et la bienfaisance. — La bonté. — L'éducation du cœur.
Les différentes formes de la charité.
L'aumône. — La philanthropie.
Devoirs de charité relatifs à l'intelligence et à la sensibilité d'autrui. — L'indulgence. — Le pardon des injures.
Le dévouement et le sacrifice.

La morale sociale comprend, nous l'avons dit plus haut (1), les devoirs de justice et les devoirs de charité. Pour être un honnête homme il ne suffit pas d'être juste, il faut être charitable.

LA BIENVEILLANCE ET LA BIENFAISANCE. — La charité commande d'être bien*veillant* et bien*faisant*, c'est-à-dire de *vouloir* et de *faire* le bien, comme la justice défend d'être malveillant et malfaisant, c'est-à-dire de vouloir et de faire le mal.

Pour être bienfaisant il faut commencer par être bienveillant, c'est-à-dire par éprouver à l'égard des autres les sentiments d'amour, de sympathie, de pitié qui font que non contents de ne pas être les auteurs du mal dont ils souffrent, nous voulons les en délivrer parce que nous en souffrons comme du mal qui nous est fait à nous-mêmes. C'est ce qu'exprime cette maxime : « Aimez votre prochain comme vous-même ».

LA BONTÉ. — Souffrir du malheur d'autrui, voilà la

(1) Voir le chapitre VI : Justice et Charité.

pitié; jouir de son bonheur, voilà l'amour. Ces deux sentiments réunis constituent la bonté, qui, quand elle est active, devient la charité, la bienveillance et la bienfaisance.

Dépend-il de nous d'être bienveillant? Peut-on imposer comme un devoir à celui qui serait insensible à la douleur d'autrui de devenir compatissant? L'amour, dit-on parfois, ne se commande pas. Cela serait vrai, si la nature avait refusé à certains hommes la sympathie, c'est-à-dire le pouvoir de partager à quelque degré les émotions des autres. Mais il y a dans tous les cœurs un germe de bonté, et notre devoir est d'empêcher qu'il soit étouffé par l'égoïsme, par la haine ou par l'envie; notre devoir est de le faire éclore et de lui faire porter tous ses fruits. Tel semble indifférent à la souffrance d'autrui parce qu'il ne la connaît pas ou ne se la représente pas assez vivement; c'est d'ordinaire l'homme qui a le plus souffert qui est le plus charitable.

Celui qui ne manque de rien et n'est pas doué d'une imagination forte a quelque peine à s'imaginer qu'il y ait des hommes mourant de faim. Celui-là doit rechercher le spectacle de la souffrance, visiter les pauvres, les malades, commencer par faire le bien parce que sa conscience lui en fait un devoir, et il ne pourra faire le bien sans y trouver du plaisir, sans désirer le faire encore. Il s'attachera aux malheureux en proportion même des services qu'il leur aura rendus. La bienfaisance aura développé la bienveillance et celle-ci donnera alors à la bienfaisance tout son prix. Car les pratiques de bienfaisance n'acquièrent leur véritable mérite que si le cœur s'y joint. L'amour du prochain est seul capable de triompher des sentiments malveillants ou égoïstes et de nous soutenir dans l'accomplissement des devoirs de charité ; et il faut qu'il soit très fort pour nous inspirer le dévouement et le sacrifice.

LES DIFFÉRENTES FORMES DE LA CHARITÉ. — En énumérant les devoirs de justice, nous avons par là même énuméré les devoirs de charité ; car il y a autant de manières de faire le bien que de manières de faire le mal. C'est une erreur de confondre la charité avec l'aumône, l'aumône n'en est qu'une des formes et d'ordinaire la plus facile.

De même que la justice défend de nuire à la personne dans sa vie, sa liberté, son honneur, ses biens, sa sensibilité, son intelligence, la charité nous ordonne de l'aider à accomplir sa destinée en la protégeant contre le mal, qu'il vienne des hommes ou de la fortune.

Tu ne tueras point, dit la justice ; tu porteras secours à l'homme en danger de périr, dit la charité. Quand on risque sa vie pour sauver celle d'un autre, la charité s'appelle alors le dévouement.

De même la charité ordonne de protéger contre l'oppression ceux qui sont menacés dans leur liberté. Les hommes comme Wilberforce ou Channing, qui consacrèrent leur vie à combattre la traite des noirs et l'esclavage, sont à bon droit considérés comme des types de générosité. Il n'y a plus, au moins chez nous d'esclaves à délivrer, mais il y a toujours des hommes à défendre contre les abus du pouvoir.

Ce n'est pas assez de s'abstenir de la calomnie et de la médisance, il faut protéger contre elles les hommes dont l'honneur est attaqué ; au lieu d'écouter en silence les paroles perfides, il faut protester et confondre si l'on peut les envieux et les méchants.

Voltaire donna un bel exemple en poursuivant avec

indignation et opiniâtreté la réhabilitation de Calas (1). On donne particulièrement le nom de bienveillance à cette disposition charitable qui consiste à croire difficilement le mal chez les autres et au contraire à supposer d'abord le bien de la part de chacun. La bienveillance a un heureux effet même à l'égard des méchants, car souvent ils reculent devant une mauvaise action dont on les croit incapables et cherchent à se montrer plus dignes de la bonne opinion qu'on a d'eux.

Il ne faut pas confondre, d'ailleurs, la bienveillance qui fait éviter les jugements téméraires avec la complaisance pour le mal qui l'encourage.

L'AUMÔNE. — On donne le nom de bienfaisance proprement dite à la vertu qui soulage la misère. Elle s'exerce par l'aumône qui subvient aux besoins immédiats des indigents. L'aumône a d'autant plus de prix qu'elle exige plus de sacrifices et qu'elle est faite avec plus de délicatesse et de discernement. Elle n'en a aucun lorsqu'elle est faite par ostentation et par vanité. Les égoïstes qui refusent d'avouer aux autres et même de s'avouer à eux-mêmes leur mauvais cœur se paient souvent de mauvaises raisons pour se dispenser de donner. Ils disent, par exemple, que les pauvres se sont mis par leur faute dans l'état où ils se trouvent et qu'ils doivent subir les conséquences de leurs vices. Il est loin d'en être toujours ainsi : le malheureux dépouillé par un fléau inattendu, par une inondation, n'a rien fait pour s'exposer à un pareil désastre. Ensuite, il y en a qui sont victimes de la mauvaise foi d'autrui plus encore que de leur imprévoyance, comme cela se voit à la suite de certains désastres

(1) Voir page 0

financiers. Il y a, enfin, dans le monde, des faibles, des infirmes, des êtres mal doués qui, malgré toute leur bonne volonté, ne peuvent parvenir à gagner leur vie. Il faut leur prêter assistance. C'est l'honneur de l'humanité de relever les blessés dans la lutte de l'existence et de ne pas imiter les animaux qui tuent ou laisssent périr ceux qui ne sont pas suffisamment armés pour le combat de la vie.

Quant à ceux qui sont tombés dans la misère par leurs vices, ils ont droit encore à la compassion. Sait-on par quel concours de circonstances ils sont arrivés à l'état de dégradation où nous les voyons? Pouvons-nous apprécier avec une entière justice leur responsabilité? Au lieu de les laisser en proie à la faim, mauvaise conseillère, il faut les secourir d'abord, quitte à leur prêcher la prudence et la vertu pour l'avenir. Pour mériter de ne pas mourir de faim, il n'est pas nécessaire d'être le modèle de toutes les vertus, car qui donc alors aurait le droit de vivre?

Ce qui est vrai, c'est que l'aumône doit être faite avec discernement, c'est qu'elle ne remédie qu'au mal présent et qu'elle peut avoir de graves dangers pour ceux-mêmes auxquels elle s'adresse.

Faite comme on la faisait à une époque où on avait moins souci qu'aujourd'hui de la dignité humaine, elle détruisait ce sentiment de responsabilité individuelle qui fait que chacun tient à honneur de se suffire à lui-même, elle développait des habitudes funestes de paresse et de mendicité et multipliait les pauvres au lieu d'en diminuer le nombre. La mendicité devenait une profession, et c'est ce qui explique que les règlements de police la combattent. L'aumône en nature vaut mieux que l'aumône en argent, qui peut être employée à satisfaire des vices. Mais une bienfaisance éclairée cherche à prémunir l'indigent contre la misère pour l'avenir en s'efforçant de lui procurer du travail. Elle s'adresse surtout à l'enfant, et en même temps qu'elle le nourrit elle cherche à lui mettre un métier dans la main.

LA PHILANTHROPIE. — Saint Vincent de Paul s'est acquis une gloire immortelle et a mérité d'être toujours cité comme un des bienfaiteurs de l'humanité en fondant l'Hospice des enfants trouvés. Il est un modèle de philanthropie. On donne le nom de philanthropie à la charité éclairée qui porte certains hommes à fonder des institutions bienfaisantes comme les hôpitaux, les asiles pour la vieillesse et l'enfance, etc. Chacun de nous peut y contribuer pour sa part en aidant dans la mesure de ses forces à leur entretien et leur accroissement. Toutefois, nous ne devons pas nous en remettre entièrement sur les autres pour distribuer nos libéralités, il faut aussi autant qu'on peut faire le bien par soi-même, directement. Il n'y a pas besoin d'être riche pour faire le bien; celui, par exemple, qui donne son temps pour veiller un voisin malade ou pour instruire les pauvres, exerce la charité d'une façon très méritoire. La bienfaisance prend toutes les formes comme le mal lui-même dont souffre l'humanité (1).

DEVOIRS DE CHARITÉ RELATIFS A L'INTELLIGENCE D'AUTRUI. — Une des formes les plus funestes du mal c'est l'ignorance et l'erreur. Ce n'est pas assez de ne pas égarer les autres, nous avons à l'égard de leur intelligence le devoir de l'éclairer et de l'instruire autant

(1)   Aidons-nous mutuellement
La charge des malheurs en sera plus légère;
    Le bien que l'on fait à son frère
Dans le mal que l'on souffre est un soulagement.
(Florian, l'Aveugle et le Paralytique.)

que nous pouvons. Le philosophe Malebranche a donné un bel exemple de charité en apprenant les mathématiques à son domestique, à qui il avait reconnu de grandes dispositions et dont il fit un savant distingué. Aujourd'hui, en dehors de l'éducation donnée par l'Etat, nombre d'hommes généreux consacrent une partie de leurs soirées à instruire leurs compatriotes et à répandre les vérités utiles. Leur zèle a donné naissance à des institutions éminemment charitables comme les associations philotechniques, polytechniques et autres. L'ardeur des missionnaires qui cherchent à convertir les peuples sauvages à la religion qu'ils croient la meilleure, a sa source aussi dans la charité. Mais l'esprit de prosélytisme qui fait que nous cherchons à gagner les autres à nos idées politiques ou religieuses ne doit pas dégénérer comme il arrive souvent en esprit d'intolérance et de fanatisme. La charité, comme nous l'avons dit, doit être tempérée par la justice et le respect de la liberté.

Devoirs de charité relatifs a la sensibilité d'autrui. — Enfin, nous avons des devoirs de charité envers le cœur et la sensibilité de nos semblables.

On peut faire œuvre très bienfaisante en témoignant de la sympathie à une personne qui souffre, en lui prodiguant les consolations ; ou bien encore en se montrant indulgent pour ses faiblesses et pour ses fautes. La charité a sauvé plus d'une âme coupable, tandis qu'une rigueur inexorable en a perdu beaucoup pour toujours.

Quand la justice humaine a fait son œuvre, au lieu de repousser avec des marques de mépris l'homme qui a expié sa faute, il faut le plaindre et faire ce que l'on peut pour le tirer de son abjection. Parmi ceux qui s'acharnent dans une impitoyable sévérité contre les personnes qui ont failli aux devoirs de la morale sociale ou de la morale individuelle, il en est plus d'un sans doute qui, soumis aux mêmes influences corruptrices, aux mêmes exemples, aux mêmes besoins, n'eût pas mieux agi. Il faut être sévère pour soi-même, indulgent pour les fautes d'autrui. C'est d'ordinaire le contraire qui arrive. Il est bien entendu, d'ailleurs, que cette indulgence qui tient compte de la faiblesse humaine ne doit pas aller jusqu'à ne voir dans le coupable qu'un malade, et n'exclut pas l'idée d'une répression indispensable au salut de la société. L'expérience a prouvé que la société a tout à gagner aux institutions philanthropiques qui recueillent les coupables après l'expiration de leur peine, leur assurent l'existence et favorisent leur retour au bien.

L'INDULGENCE. — LE PARDON DES INJURES. — L'indulgence est particulièrement difficile et aussi particulièrement méritoire lorsqu'elle s'exerce à l'égard des hommes qui directement nous ont fait du mal. Elle s'appelle alors le pardon des injures, et dans certains cas la clémence et la magnanimité. « Donner et pardonner » était la belle devise d'un philanthrope célèbre, l'abbé de Saint-Pierre. Cette vertu a deux degrés, elle consiste : 1° à ne pas rendre le mal pour le mal ; 2° à rendre le bien pour le mal. Sans doute, on doit faire respecter son droit et la dignité humaine en sa personne, mais on ne doit pas poursuivre avec la dernière rigueur le redressement des moindres torts, et il faut savoir sacrifier quelque chose de ses ressentiments ; c'est une belle victoire que de désarmer son adversaire par sa bonté et de vaincre la haine par l'amour. Corneille en a offert dans *Cinna* un magnifique exemple à notre admiration.

LE DÉVOUEMENT ET LE SACRIFICE. — L'amour du

prochain et du bien lorsqu'il va jusqu'au désintéressement complet et jusqu'à l'abnégation, s'appelle le dévouement, il inspire le sacrifice et fait les héros. Le sacrifice prend bien des formes, on peut sacrifier sa fortune, sa liberté, sa vie. Il y a les héros de la charité, les héros de la science, les héros de la religion, les héros du patriotisme. L'histoire consacre la mémoire de quelques-uns d'entre eux ; mais il y a aussi des héros inconnus dont la vie, pour avoir moins d'éclat, n'en a pas moins de mérite ; il n'est pas donné à tous de devenir célèbres, parce qu'il faut pour cela que le dévouement se produise sur un grand théâtre, mais chacun peut être appelé à accomplir un acte de dévouement et à se conduire en héros dans un incendie, une inondation, enfin en combattant pour la patrie.

En dehors de ces circonstances exceptionnelles, il y a place pour le sacrifice dans la vie de tous les jours, tout acte de charité est un acte de dévouement à un certain degré car il implique le sacrifice au bonheur d'autrui de quelque jouissance égoïste. C'est d'ailleurs par l'accomplissement de devoirs plus modestes qu'on se prépare aux grandes actions et qu'on fait l'apprentissage des vertus les plus sublimes.

CHAPITRE XV

En dehors des devoirs que nous avons énumérés,
la vie sociale impose certaines obligations que l'on
résume sous le nom de politesse, et qui sont de véritables devoirs commandés par la morale aussi bien
que par les convenances. Sans doute un traité de
morale n'est pas un manuel de la *Civilité puérile et
honnête*, et il y a des personnes qui attachent une
importance exagérée à l'observation des règles de
l'étiquette ; mais il n'en est pas moins vrai que les
pratiques essentielles de la politesse s'expliquent par
les principes mêmes de la morale. On peut les ratta-
cher soit aux devoirs de justice, soit aux devoirs de
charité. Elles dérivent ou bien du respect de la personne ou de la bienveillance.

I. L'IMPOLITESSE EST UNE FORME DE L'INJUSTICE. — L'impolitesse consiste à faire du mal ou du tort aux autres
dans les petites choses. Ce n'est pas sans raison qu'on
appelle *malhonnête* l'homme impoli. C'est un égoïste

qui cherche ses aises dans la société sans s'inquiéter s'il les prend aux dépens d'autrui : il bouscule par exemple une personne âgée pour arriver plus vite et prendre la meilleure place ; il arrive en retard aux réunions où on l'attend, faisant ainsi bon marché du temps des autres. C'est un orgueilleux qui témoigne par ses paroles et ses attitudes de son dédain pour les personnes avec lesquelles il se trouve. Il est impertinent, arrogant, intolérant pour les opinions d'autrui. Pour faire briller son esprit il ne recule pas devant une plaisanterie qui blesse, et parle sans s'inquiéter s'il froisse les sentiments de ceux qui l'entourent. Le mal qu'il fait chaque fois n'est pas très grave, mais cela se répète souvent, et son caractère désagréable finit par nuire en somme au bonheur d'autrui presque autant qu'une action vraiment coupable. Ajoutons que ces petites injustices accoutument peu à peu aux injustices plus grandes, et l'impolitesse est souvent l'indice d'une perversité profonde.

L'impolitesse se produit encore comme une violation des règles de la justice distributive. Telle est la négligence à remercier pour un service rendu, véritable ingratitude. Tel est le refus, contraire à l'équité, de témoigner aux hommes qui par leur travail et leur dévouement ont bien mérité de la société les égards auxquels ils ont droit.

LA POLITESSE ET LA CHARITÉ. — L'homme poli non seulement s'abstient dans les relations sociales d'empiéter sur les droits d'autrui, mais il sacrifie même quelque chose des siens. Il fait tout ce qu'il doit et un peu plus, et sait se gêner pour les autres. Loin d'abuser de sa force il est plein de déférence pour la faiblesse, pour les femmes, pour les vieillards. Il est bienveillant et obligeant, toujours prêt à rendre aux autres mille petits services, et témoigne en toute occasion le désir de contribuer à leur bonheur. Plein de tact dans sa conversation, il évite toute parole qui serait de nature à blesser, à éveiller des souvenirs pénibles et se montre affable et gracieux. Il est modeste, se plaît à faire valoir les autres et sait rendre hommage au vrai mérite. Sans s'asservir aux règles de l'étiquette, il comprend que les formules de politesse sont l'expression des convenances consacrées par l'usage, et il en use sans contrainte. C'est ainsi qu'il donne aux personnes de sa connaissance des marques de sa sympathie dans la douleur ou la joie. Les compliments de condoléance, les félicitations, les visites, le salut, tous ces usages sont la manifestation extérieure des sentiments qu'on doit éprouver intérieurement.

La politesse peut exister il est vrai chez un homme sans la bonté, et la bonté sans la politesse. Mais celui qui est méchant et impoli est deux fois méchant, et il manque quelque chose à la vertu de celui qui est bienveillant sans être poli. Le bourru bienfaisant, par exemple, semble vouloir se venger des services qu'il rend par les désagréments qu'il cause. C'est surtout lorsqu'on oblige quelqu'un qu'on est tenu envers lui à ces égards délicats qui doublent le prix du bienfait.

La politesse n'est pas moins conforme à l'intérêt bien entendu qu'au devoir. Le jeune homme bien élevé se concilie toutes les sympathies; ses bonnes manières font valoir ses autres qualités et sont pour lui une garantie de succès.

II. Devoirs a l'égard des animaux. — Nous venons de voir comment l'homme doit en user avec ses semblables, avec les personnes ; mais nous avons aussi des rapports avec des êtres qui sont plus que des choses et moins que des personnes, avec les animaux. Le code les opposant aux personnes les appelle des choses, mais à vrai dire ils ont des caractères qui les élèvent fort au-dessus des minéraux et des plantes, au moins les animaux supérieurs, et qui les rapprochent de nous. Aussi devons-nous les traiter en raison de leur nature, nous avons des devoirs à leur égard.

DIFFÉRENCE DE L'HOMME ET DE L'ANIMAL. — Sans doute des différences profondes les séparent de nous, et ce serait une grave erreur de leur attribuer la dignité de la personne humaine. Ils n'ont pas la parole, ils n'ont pas la raison, ils n'ont pas la liberté, ils ne sont pas responsables de leurs actes, ce ne sont pas des êtres moraux, c'est-à-dire capables de vertus ou de vices. Le tigre qui a déchiré sa proie n'a pas de remords, car il a obéi à son instinct ; l'herbivore n'a aucun mérite s'il est inoffensif, puisque la nature ne l'a point armé contre l'homme, et qu'il ne se nourrit pas de chair.

CARACTÈRES COMMUNS A L'HOMME ET A L'ANIMAL. — Mais l'animal, surtout celui dont l'organisme et le système nerveux sont très développés, éprouve la douleur et le plaisir, il a des sensations comme nous, il a la mémoire, il aime ses petits, s'attache à son maître (1). Il ne peut pas par conséquent être traité comme le sont les choses inanimées, comme la pierre que l'on taille, comme le chêne que l'on abat et que l'on scie sans scrupule. Lorsque nous entendons leurs cris plaintifs nous nous sentons émus, et pour peu que nous ayons de sensibilité nous souffrons de les voir

____

(1) Voir la fable de La Fontaine, *les deux Rats*. *le Renard et l'Œuf*.

souffrir. C'est la voix de la nature, elle nous dicte notre conduite à leur égard et nous avertit de ne pas les maltraiter. La cruauté n'est pas seulement interdite envers les hommes, elle l'est aussi à l'égard des bêtes.

LES LOIS PROTECTRICES DES ANIMAUX. — LA LOI GRAMMONT. — Ce n'est pas d'aujourd'hui que l'on reconnaît cette sorte de devoirs. La loi des anciens Hindous avait pris les animaux sous sa protection, et on trouve cette belle invocation à la fin d'une de leurs prières : « Puisse tout ce qui a vie être délivré de la douleur! » La loi de Moïse défend aussi de mutiler les animaux et de les faire souffrir. Aujourd'hui il y a dans la législation de différents peuples, et en particulier dans celle des Anglais qu'on ne peut accuser de n'avoir pas le sens pratique, des dispositions pour protéger les animaux. En France, une loi qui date de 1850, appelée la *Loi Grammont*, porte que « ceux qui auront exercé publiquement et abusivement des mauvais traitements envers les animaux domestiques seront punis d'une amende de 5 à 15 francs, et pourront l'être de 1 à 5 jours de prison. La peine de prison est toujours applicable en cas de récidive. »

Une société s'est formée, la *Société protectrice des animaux*, « dans le but, disent les statuts, d'améliorer par tous les moyens qui sont en son pouvoir le sort des animaux. » Elle décerne des récompenses aux inventeurs d'appareils propres à soulager les animaux et généralement à toute personne ayant fait preuve à un haut degré par de bons traitements et des soins intelligents et soutenus, de compassion envers eux.

LA CRUAUTÉ A L'ÉGARD DES ANIMAUX. — LIMITES DU DROIT QUE NOUS AVONS SUR EUX. — La conscience approuve toutes ces mesures. Elle se révolte au spectacle des mauvais traitements que certains charretiers font subir à leurs chevaux. Qui de nous ne partage l'indignation que notre grand poëte a si admirablement exprimée dans les vers suivants :

> Le pesant chariot porte une énorme pierre (1);
> Le limonier suant du mors à la croupière,
> Tire, et le roulier fouette, et le pavé glissant
> Monte, et le cheval triste a le poitrail en sang.
> Il tire, traîne, geint, tire encore et s'arrête.
> Le fouet noir tourbillonne au-dessus de sa tête.
>
> . . . .
>
> L'animal éperdu ne peut plus faire un pas;
> Il sent l'ombre sur lui peser; il ne sait pas,
> Sous le bloc qui l'écrase et le fouet qui l'assomme,
> Ce que lui veut la pierre et ce que lui veut l'homme.
> Et le roulier n'est plus qu'un orage de coups
> Tombant sur ce forçat qui traîne des licous,
> Qui souffre et ne connaît ni repos ni dimanche.
> Si la corde se casse, il frappe avec le manche,
> Et, si le fouet se casse, il frappe avec le pied,
> Et le cheval tremblant, hagard, estropié,
> Baisse son cou lugubre et sa tête égarée;
> On entend sous les coups de la botte ferrée
> Sonner le ventre nu du pauvre être muet!
> Il râle; tout à l'heure encore il remuait,
> Mais il ne bouge plus, et sa force est finie;
> Et les coups furieux pleuvent, son agonie
> Tente un dernier effort, son pied fait un écart,
> Il tombe, et le voilà brisé sous le brancard;
>
> . . . .

L'homme qui maltraite ainsi l'animal fait preuve non seulement de cruauté, mais de sottise et de lâcheté: de sottise en lui demandant plus de travail qu'il n'en peut fournir, de lâcheté en abusant de sa force envers un être sans défense et en le martyrisant pour se venger de sa propre maladresse.

______

(1) Victor Hugo, *les Contemplations* (Melancholia).

Notre droit a l'égard des animaux; — ses limites.
— Les animaux qui aident l'homme dans ses travaux,
qui le nourrissent, dont certains lui donnent des
preuves touchantes d'attachement et de fidélité ont
entre tous droit à sa compassion. Il doit les traiter avec bonté et douceur : mais la cruauté n'est permise envers aucun animal, quel qu'il soit. Nous avons
le droit de nous défendre contre les bêtes fauves et
en général contre tous les animaux nuisibles, de les
détruire, mais non celui de les faire souffrir sans nécessité. Nous avons le droit de tuer les animaux nécessaires à notre subsistance, mais en leur épargnant
le plus possible la douleur. Il faut réprimer les jeux
cruels de certains enfants qui font des animaux domestiques leurs souffre-douleurs, qui se plaisent à mutiler de petits animaux, qui, dans une rage de destruction, font la chasse aux nids pour avoir les œufs et
emporter la couvée. La plupart des oiseaux font la
guerre aux insectes nuisibles, et l'intérêt de l'agriculture exige qu'on les protège; on est obligé de les
introduire dans les pays où ils manquent. Il n'y a pas
moins de sottise que de méchanceté à les détruire.

La morale réprouve de même les spectacles san-
glants, comme les combats de taureaux, de coqs et
de chiens, où, par un reste de barbarie, certains peuples trouvent encore un honteux amusement. Entre
la pitié envers les bêtes et la bonté d'âme il y a un
lien étroit, et on peut dire qu'un individu méchant
envers les bêtes ne saurait être un homme de bien.
Celui qui s'accoutume à voir souffrir l'animal sans
être ému, finira par ne plus être touché non plus à la
vue de la souffrance de ses semblables; et il contrac-
tera des habitudes de violence et de brutalité.

Dangers d'une sensibilité mal réglée. — La bonté

pour les animaux ne doit point cependant dégénérer en une sensibilité puérile et faire méconnaître les droits de l'humanité. On a été jusqu'à soutenir que l'homme ne devait pas se nourrir de la chair des animaux. Or il est démontré que la nourriture végétale ne suffit pas à entretenir l'homme dans une vigueur convenable; et d'ailleurs si on laissait les herbivores se multiplier indéfiniment, elle viendrait bientôt elle-même à manquer. En les sacrifiant à notre alimentation nous obéissons à une impérieuse nécessité.

D'autres personnes se préoccupent plus du sort des bêtes que de celui des hommes et dépensent pour elles des sommes qui seraient mieux employées à soulager les maux de leurs semblables. C'est une injustice véritable; mais ces excès, dont on se moque avec raison ne doivent pas faire oublier les devoirs très réels qu nous avons à l'égard des animaux.

(*) En dehors de la loi Grammont, notre Code contient des pénalités destinées à réprimer la *destruction* des animaux domestiques *en tant qu'elle porte atteinte à la propriété d'autrui.* Le mobile du législateur de 1810 n'était pas le même qu'en 1850. Résumons toutefois ses prescriptions. « Celui qui *sans nécessité et dans l'intention de nuire* aura tué un cheval, un bœuf... sur la propriété du maître de l'animal, est passible d'un emprisonnement de 2 à 6 mois — et de 6 jours à 6 semaines si l'acte a été commis ailleurs. — S'il s'agit d'un chien, d'un chat, d'un oiseau de basse-cour tués dans un lieu dont celui auquel l'animal appartient est propriétaire ou locataire l'emprisonnement est de 6 jours au moins et de 6 mois au plus. Le délit enfin comporte une amende ou peine pécuniaire et la réparation du préjudice causé, c'est-à-dire des dommages-intérêts. »

DEVOIRS CIVIQUES

CHAPITRE XVI

LA PATRIE. — L'ETAT. — LA CONSTITUTION ET LES LOIS.

Objet de la morale civique.
I.   Ce qui constitue la patrie. — Le territoire national. — La situation géographique. — La langue, les mœurs et les croyances,
la race. — On est de la patrie dont on veut être. — La patrie
considérée dans le passé.
II. L'État. — Deux définitions. — Le citoyen.
Fondement de l'autorité publique. — La souveraineté nationale.
— Le suffrage universel. — La monarchie absolue. — Le régime
aristocratique. — Le régime démocratique.
III. La loi. — Les lois civiles. — La Constitution. — La liberté politique.
Les trois pouvoirs de l'État. — Le gouvernement. — La République.

OBJET DE LA MORALE CIVIQUE. — Vivre en société ce
n'est pas seulement vivre au milieu des hommes, c'est
faire partie d'une association d'hommes ayant des intérêts communs et des lois communes. Cette association, quand elle est régulièrement organisée, s'appelle
une nation, et ses membres sont des citoyens. Ceux-
ci, en dehors des devoirs généraux qu'ils ont envers

leurs semblables, ont des devoirs spéciaux envers la société particulière à laquelle ils appartiennent et qui est leur patrie. Ces devoirs s'appellent les devoirs civiques.

Pour bien comprendre en quoi consistent ces devoirs, il faut d'abord déterminer ce qui constitue la patrie, les services qu'elle rend à chacun, les conditions de son existence et de sa prospérité.

I. CE QUI CONSTITUE LA PATRIE. — La patrie est née de la nécessité où se trouvent les hommes de s'associer pour se défendre contre leurs ennemis et pourvoir aux besoins de leur existence. Isolé, l'individu ne peut rien, il peut tout quand il réunit ses efforts à ceux de ses semblables : il peut ensemencer les champs, bâtir les villes, construire les vaisseaux, exploiter les mines, fabriquer toutes les merveilles de l'industrie, il peut créer les sciences et les arts qui font le charme de la vie et l'ennoblissent, il peut enfin défendre toutes ses richesses et faire respecter ses droits.

La patrie existe quand des hommes se sont associés avec la volonté d'accomplir en commun leur destinée, quand ils se sont soumis aux mêmes lois, au même gouvernement librement accepté. Le concours des volontés, voilà ce qui constitue avant tout la patrie, ce qui en est l'âme.

LE TERRITOIRE NATIONAL. — Les hommes ainsi associés occupent un territoire plus ou moins vaste, suivant qu'ils sont plus ou moins nombreux, qui est le sol de la patrie. La possession d'un territoire indépendant est une condition indispensable de l'existence de la patrie : la nation et le territoire national portent le même nom : ainsi la France c'est l'ensemble des citoyens français et c'est le pays qu'ils habitent en commun. C'est là qu'ils sont nés, c'est là que repose le corps de leurs ancêtres, c'est là qu'ils travaillent et trouvent les ressources nécessaires à la vie. Ce territoire est entouré de frontières dont les unes sont naturelles : les montagnes, la mer, un fleuve ; les autres sont artificielles et protégées par des travaux de défense, des forteresses, comme l'est une maison par ses murs ou une ville par ses remparts. En deçà de ces frontières on est chez soi, au delà c'est l'étranger ; et c'est en défendant son territoire que la nation résiste à l'ennemi qui l'attaque.

La situation géographique. — Il y a d'autres éléments encore dans l'idée de patrie ou de nation, mais qui ne sont pas nécessaires au même titre que le concours des volontés, la communauté des lois et la communauté du territoire.

On conçoit par exemple que pour qu'une nation se forme, non seulement il faut un territoire, mais un territoire présentant une certaine configuration, ayant une situation géographique qui le destine à être habité par des hommes unis entre eux. La France, l'Italie, l'Espagne semblent faites pour être occupées chacune par une seule nation. Mais si l'unité géographique est une garantie d'union et de force, elle n'est pas indispensable ; la preuve, c'est qu'il y a deux nations dans la péninsule hispanique, et nous voyons que la Belgique forme une nation sans que, par son territoire, elle semble destinée à vivre séparée soit de la France soit de la Hollande.

La langue, les mœurs et les croyances. — La race. — D'autre part, on se représente les membres d'une même nation comme parlant la même langue, comme ayant les mêmes mœurs, les mêmes croyances religieuses, comme appartenant à la même race En général il en est ainsi et on comprend par là qu'ils se soient associés entre eux plutôt qu'avec d'autres. Mais tous les hommes ayant la même langue n'appartiennent pas à la même association politique, les Américains qui parlent anglais ne font pas partie pour cela de la nation anglaise, ni les Belges qui parlent français de la nation française. Des hommes parlant des langues différentes peuvent cependant vouloir mettre en commun leur destinée, le paysan alsacien parlant allemand était aussi bon Français que l'habitant de la Touraine (1). D'autre part, les Bretons n'ont pas les mêmes coutumes que les Marseillais, ils n'en ont pas moins une patrie commune. En France il y a des catholiques, des protestants, des juifs, des hommes qui ne professent aucun culte et qui malgré la diversité des croyances sont concitoyens et sont animés de la même haine contre l'ennemi. Enfin les membres d'une même patrie peuvent ne pas se ressembler physiquement, être petits et bruns, grands et blonds, appartenir comme on dit à des races différentes. Quand on vous aurait prouvé qu'il y a deux mille ans vos ancêtres vivaient en Espagne ou en Allemagne, et que vous avez le crâne façonné comme les habitants de ces contrées, vous ne vous sentirez pas plus disposés à devenir Espagnols ou Allemands.

En résumé, ni la langue, ni les mœurs, ni la religion, ni la race ne constituent la patrie; mais tout cela, surtout la langue et les mœurs, contribue à resserrer les liens qui unissent les habitants d'un même pays et explique qu'ils veuillent former une société politique.

(1) Il importe cependant qu'il y ait une langue nationale que tous comprennent, c'est pourquoi l'enseignement du français est obligatoire.

On est de la patrie dont on veut être. — Une objection se présente : nous avons dit que la patrie est constituée avant tout par la volonté qu'ont ses enfants de former ensemble une nation. — Mais il semble qu'on n'est pas de la patrie dont on veut être puisqu'on naît Français, Anglais ou Allemand ; on ne choisit pas son pays, on n'est pas libre de faire partie de telle ou telle association politique. Non, on ne choisit pas le pays où on naît, et pourtant, malgré l'apparence contraire, c'est librement qu'on appartient à la nation dont on porte le nom. Nous sommes libres de quitter la France, de renoncer à notre titre de citoyens français et de nous faire nationaliser Anglais ou Allemands. On est libre de le faire et on ne le veut pas, on aurait horreur de le faire. Pourquoi? Parce que la patrie dont nous voulons être c'est la France, parce que nous voulons partager sa fortune mauvaise ou prospère, parce que nous ne voulons pas obéir à un autre gouvernement que le sien, parce que nous ne voulons pas devenir les compatriotes de ceux qui sont ses ennemis et combattre dans leurs rangs contre elle. Qui donc oserait dire que c'est malgré lui qu'il est Français?

Les habitants d'une province conquise n'ont pas, à vrai dire, pour patrie l'État dans lequel ils sont entrés de force, tant qu'ils se refusent à accepter le fait accompli, tant qu'ils protestent contre la violence dont ils sont victimes. Ce sont des exilés qui attendent impatiemment l'occasion de rentrer dans leur patrie véritable, qui est la patrie de leur cœur.

La patrie considérée dans le passé. — Quand la nation a duré de longs siècles, les liens qui unissent ses enfants sont d'autant plus étroits qu'ils ont en commun plus de tradition et de souvenirs.

La patrie forme comme une grande famille dont tous les membres sont solidaires, non seulement dans le présent mais dans le passé. Nous sommes unis de cœur aux hommes qui nous ont précédés sur ce territoire que nous habitons, qui ont lutté pour le défendre, qui ont contribué à le faire ce qu'il est, c'est-à-dire un pays riche et puissant, sillonné de routes et de canaux, couvert de places fortes, orné de monuments et d'œuvres d'art admirables. Nous sommes fiers des grands hommes qui ont illustré la France à toutes les époques, sous la Royauté, sous l'Empire, sous la République ; de ses héros, de ses grands écrivains, de ses artistes, de ses savants. Leur gloire rejaillit sur nous. Quand nous lisons l'histoire, notre cœur bat au récit des victoires et des défaites de nos ancêtres : ce sont *nos* victoires et *nos* défaites. Ces souvenirs glorieux ou douloureux font partie de l'héritage auquel nous participons tous. Tout cela est compris dans l'idée de patrie et tout cela explique notre volonté de continuer ensemble l'œuvre que nos pères ont commencée en commun.

II. L'ÉTAT. — DEUX DÉFINITIONS. — *L'association des individus ayant une patrie commune, réunis sous les mêmes lois et sous le même gouvernement s'appelle un État.* On a comparé justement un État à un grand corps vivant; en effet, un État, bien que composé de plusieurs millions d'habitants, agit dans ses rapports extérieurs comme un seul être quand on l'attaque, quand il se défend, quand il conclut un traité; et s'il est blessé dans une de ses parties, les autres souffrent.

A l'intérieur, quoique chacun de ceux qui le composent ait sa volonté particulière, ses intérêts distincts, l'Etat a cependant aussi sa vie à lui, son action propre; il a ses biens qui sans être à personne sont à tous, il a ses droits, ses devoirs, sa tâche à remplir, qui est la tâche de la communauté et non de tel ou tel individu.

Toutefois, quand on dit que l'Etat est un individu, une personne, ces expressions justes en un sens, puisqu'il est indivisible, puisque son action est une, puisqu'il est responsable, ne doivent pas être prises à la rigueur; ce sont des métaphores. En dehors des particuliers, l'Etat n'est rien, de même qu'une armée en dehors des soldats qui la composent. L'action de l'Etat c'est l'action commune des particuliers agissant de concert. Chacun de nous vit à la fois d'une vie individuelle et d'une vie collective, a des biens propres et des biens communs, s'occupe de ses affaires et des affaires publiques. Il faut comprendre de quelle manière.

Dans les petites cités de l'antiquité, comme Athènes, le peuple se réunissait sur la place publique pour délibérer sur les intérêts de la patrie. Il n'en peut être ainsi aujourd'hui, tous ne peuvent pas décider en commun de la paix et de la guerre, ou des grands travaux à exécuter dans l'intérêt général, ni surveiller directement l'emploi de la fortune publique. C'est indirectement, par des représentants, que le peuple traite les affaires de l'Etat. Le rôle politique du plus grand nombre — et c'est un rôle encore très important et qui entraîne une grande responsabilité — consiste à choisir des hommes capables de diriger la communauté, d'administrer la chose publique.

On confie cette tâche à ceux qui paraissent les plus honnêtes et les plus habiles; on leur donne le pouvoir nécessaire pour remplir leur mandat, on s'engage à leur obéir, ce sont les chefs de l'association; ils la gouvernent; ou plutôt la nation se gouverne elle-même par l'intermédiaire des hommes qui la représentent, qui la personnifient. *Il résulte de là qu'on appelle spécialement l'Etat la partie qui gouverne dans un Etat, dans une nation.*

LES CITOYENS. — Gouvernants et gouvernés s'appellent des citoyens. C'est le nom sous lequel on désigne tout homme qui directement ou indirectement prend part aux affaires publiques. Le citoyen est l'homme qui dans un Etat participe à la fois au pouvoir et à l'obéissance. L'homme qui commanderait sans obéir serait un maître, celui qui obéirait sans commander serait un sujet ou un esclave. (1).

FONDEMENT DE L'AUTORITÉ PUBLIQUE. — D'après ce que nous avons dit, le fondement de l'autorité dont l'Etat est investi n'est autre chose que la volonté nationale. Le pouvoir que le gouvernement a entre les mains lui a été donné par le peuple. Le droit que le peuple a de se gouverner par ses délégués s'appelle la souveraineté nationale.

LA SOUVERAINETÉ NATIONALE. — Le peuple est souverain; cela veut dire qu'il s'appartient à lui-même, pris dans son ensemble, il a les mêmes droits que chacune des personnes qui le composent, il est libre et transmet à qui il lui plaît le pouvoir d'agir dans l'intérêt de la communauté. Mais si le peuple a les mêmes droits que les individus, il a les mêmes devoirs aussi; la volonté générale est soumise à la loi morale comme les volontés particulières. On ne peut pas accepter cette formule : tout ce qui a paru bon au peuple est la loi. L'injustice ne devient pas légitime parce qu'elle est décrétée au nom de la nation. A Athènes, on a vu le peuple assemblé voter l'exil d'Aristide le Juste. La mesure n'était pas moins inique que si elle avait été décrétée par un seul tyran.

(1) Une *nation* se compose de citoyens, un *peuple* peut se composer de maîtres et de sujets. Les deux termes ne sont pas rigoureusement synonymes.

La Révolution française a proclamé le principe de la souveraineté nationale, mais elle a aussi, dans une déclaration solennelle, proclamé que l'homme a des droits inhérents à sa nature d'homme, inaliénables, auxquels il ne renonce pas par ce fait qu'il vit en société avec ses semblables. Ces droits, l'autorité publique, pour être légitime, doit les respecter.

LE SUFFRAGE UNIVERSEL. — La volonté nationale s'exprime au moyen du vote. On appelle suffrage universel le droit qu'ont tous les citoyens de prendre part au vote. Ce droit n'a pas toujours été reconnu et malheureusement il ne l'est pas encore partout et par tous. Nous avons décrit l'Etat tel qu'il doit être, tel qu'il est en France actuellement, non tel qu'il a toujours été ni tel qu'il est en tous pays. Ce n'est pas par une convention volontaire, par un *contrat social,* suivant l'expression de Jean-Jacques Rousseau, que les nations se sont formées historiquement. L'humanité n'est arrivée que bien tard à la conception du droit qu'ont les peuples de s'appartenir à eux-mêmes.

LA MONARCHIE ABSOLUE. — La guerre, la conquête, décidaient de leur sort. L'autorité publique s'établissait par la force, non par le libre consentement des gouvernés. La société, au lieu de reposer sur l'égalité des droits, était fondée sur l'inégalité des personnes et sur le privilège. On croyait que certains hommes étaient faits pour commander, d'autres pour obéir, que la souveraineté était aux mains ou d'une classe ou d'un homme. Louis XIV a pu dire : « L'Etat, c'est moi » ; toute autorité émanait de lui, sa volonté faisait la loi, et ce pouvoir absolu qu'il avait sur ses sujets, il se figurait le tenir de Dieu même. Il disait lui-même à son fils « que les rois ont naturellement la disposition pleine et libre de tous les biens qui sont possédés dans le royaume ». C'est ce qu'on appelle le régime du droit divin. Ceux qui ont imaginé cette théorie se sont fait l'idée la plus fausse de la volonté divine. Dieu, qui est la justice et la bonté même, n'a pu vouloir quelque chose d'aussi injuste ; et d'ailleurs l'histoire nous apprend que les rois à l'origine étaient des chefs choisis par leurs compagnons, ou qui s'emparaient du pouvoir par la force. Ils ont transmis le sceptre à leurs descendants, et ceux-ci, oubliant l'origine de leur autorité, se sont persuadé qu'ils étaient d'une nature supérieure à celle des autres hommes. Comment pourtant se résigner à voir l'élu de Dieu dans un aussi triste personnage que Louis XV ?

D'autre part l'exemple de Napoléon Ier prouve que la force triomphante peut toujours trouver dans la théorie du droit divin une justification commode du fait accompli ; l'usurpateur s'intitule comme les descendants des vieilles dynasties, « souverain par la grâce de Dieu ».

Le régime aristocratique. — Lorsque la souveraineté est aux mains d'un seul, l'Etat est une monarchie absolue ; lorsqu'elle est aux mains d'une classe de privilégiés, l'Etat est aristocratique. On distingue deux sortes d'aristocraties, l'aristocratie de naissance et l'aristocratie de fortune.

L'erreur qui attribue à la noblesse le gouvernement à l'exclusion du peuple, comme cela avait lieu dans la république de Venise, est de même nature que celle qui l'attribue à un seul homme. L'aristocratie de fortune s'appuie sur un principe qui est aussi faux ; on a prétendu que ceux-là seuls qui avaient un certain revenu, plus ou moins élevé suivant les cas, avaient le droit d'intervenir dans les affaires publiques. Pour qu'une telle prétention fût justifiée, il faudrait ou que les riches fussent seuls intéressés à la bonne administration de l'Etat, ou bien que la richesse leur donnât pour gouverner des lumières qui manquent aux autres. Or chacun sait qu'on peut être à la fois très riche et très sot et qu'il n'est pas rare de trouver dans un homme le talent sans la fortune. D'autre part, comment soutenir que le pauvre, qui donne son sang comme le riche pour la défense de la patrie, n'est pas intéressé à la politique ?

LE RÉGIME DÉMOCRATIQUE. — L'Etat est démocratique quand tous les citoyens sans distinction, à l'âge fixé par la loi, sont électeurs et éligibles aux fonctions publiques.

C'est donc dans un pareil Etat qu'il y a le plus de chances pour que la véritable aristocratie (1), celle du mérite, exerce le pouvoir. Sans doute le suffrage universel peut se tromper, car les hommes sont faillibles, mais ses erreurs doivent être moins nombreuses à mesure que les citoyens deviennent plus éclairés. Quoi qu'on puisse dire contre le jugement de la foule, lorsqu'il s'agit des intérêts du pays et de la justice, c'est elle qui est le meilleur juge. Suivant la pensée d'un ancien, la majorité dont chaque membre pris à part n'est pas un homme remarquable, est cependant au-dessus des hommes supérieurs eux-mêmes, sinon individuellement, du moins en masse, « comme un repas à frais communs est plus splendide que le repas dont un seul fait la dépense ».

III. LA LOI. — LES LOIS CIVILES. — Les hommes auxquels la nation délègue ses pouvoirs ont pour première

____

(1) *Aristocratie* signifie, étymologiquement, gouvernement des meilleurs.

tâche de faire les lois et de les appliquer. Les lois faites, tous doivent y obéir, aussi bien les gouvernants que les gouvernés. A vrai dire, c'est la loi qui règne, elle est l'expression de la volonté générale ; les magistrats qui l'appliquent sont les serviteurs de la loi. On distingue deux sortes de lois, les lois civiles et les lois politiques.

Les lois ont pour objet la garantie des droits civils, leur but est d'assurer le respect des personnes dans leur vie, leur liberté, leur honneur, leur propriété, en un mot de les protéger contre l'injustice. Elles sont autant que possible la raison écrite, c'est-à-dire qu'elles fixent la formule des devoirs de justice dans les diverses relations qui naissent de la vie sociale. Elles s'opposent aux entreprises criminelles des malhonnêtes gens que la voix de la conscience ne suffirait pas à retenir dans le devoir, et s'ils osent les violer, elle les punissent. Sans elles le droit des faibles serait perpétuellement en proie à la violence et à la fraude. Grâce à elles, l'individu le plus dépourvu de tout moyen de défense, l'infirme, l'enfant, la femme, le vieillard, se trouvent armés d'une puissance formidable, car les forces de la nation tout entière sont au service de la loi. L'Etat défend et protège de toute la force commune la personne et les biens de chacun de ses membres.

LA CONSTITUTION. — Les lois civiles règlent les rapports des citoyens entre eux ; les lois politiques règlent les rapports des citoyens et de l'Etat. L'ensemble de ces lois s'appelle la Constitution, car elles fixent la manière dont l'Etat est constitué, établi. De même que dans une association industrielle ou commerciale, il y a des conventions ou des statuts que ses membres s'engagent à respecter: il y a dans l'association politiqué un véritable contrat auquel tous les citoyens sont tenus de se conformer. La Constitution règle la forme du gouvernement, détermine l'étendue des pouvoirs des gouvernants et les conditions requises pour être électeur ou éligible. La grande communauté qu'on appelle l'Etat comprend des communautés moindres qui lui sont subordonnées, le département, la commune. La Constitution règle le mode d'administration de ces communautés secondaires, qui ont leurs représentants distincts (1), et fixe leurs rapports avec l'Etat.

LA LIBERTÉ POLITIQUE. — La Constitution garantit les droits politiques, comme les autres lois garantissent les droits civils. Elle assure au gouvernement une force assez grande pour qu'il puisse accomplir sa tâche et en même temps limite ses pouvoirs de telle sorte qu'il ne puisse en abuser ni attenter à la liberté des gouvernés. La meilleure Constitution est celle qui concilie la sécurité et les intérêts de tous avec la liberté de chacun. Les gouvernants ne doivent pouvoir exiger des citoyens que les sacrifices indispensables au bien public.

Un peuple a la liberté politique lorsque sa Constitution est telle que nul n'y peut abuser du pouvoir. La liberté politique est elle-même la garantie de la liberté civile, car tout abus de pouvoir est une atteinte contre les droits essentiels de la personne humaine. Sous l'ancien régime la France, privée de la liberté politique, voyait la liberté individuelle, la liberté de conscience, la propriété, à la merci de son gouvernement. C'était le régime des lettres de cachet, de l'intolérance, des impôts arbitraires. Notre Constitution actuelle rend impossibles de pareils abus. Elle consacre le

______

(1) Le conseil général et le conseil municipal.

principe du gouvernement *représentatif*, c'est-à-dire le droit de la nation de se gouverner par l'intermédiaire de représentants librement élus.

LES TROIS POUVOIRS DE L'ÉTAT. — Le pouvoir est divisé en trois pouvoirs étroitement unis et pourtant assez indépendants l'un de l'autre pour que chacun d'eux puisse résister aux entreprises illégales des autres. Ces trois pouvoirs sont : le pouvoir législatif qui fait les lois, le pouvoir exécutif qui les exécute, et le pouvoir judiciaire qui les applique aux cas particuliers. Le pouvoir législatif est exercé par deux Chambres, le Sénat et la Chambre des députés ; les deux Chambres constituent le Parlement qui nomme le chef du pouvoir exécutif. Ce dernier choisit ses ministres qui gouvernent avec lui.

LE GOUVERNEMENT. — LA RÉPUBLIQUE. — On désigne plus particulièrement par le nom de *gouvernement* les délégués de la nation qui exercent le pouvoir exécutif. Dans les pays où le chef du pouvoir exécutif au lieu d'être nommé par le parlement est un prince héréditaire dont les attributions sont limitées par une constitution, le gouvernement est une monarchie constitutionnelle. L'hérédité du pouvoir constitue un privilège contraire à l'égalité des personnes et un danger pour l'État, parce que le hasard de la naissance peut le faire tomber entre les mains d'un homme incapable ou criminel. Or c'est au poste le plus important de l'État qu'il faut surtout placer un citoyen capable et intègre. Lorsque le chef du pouvoir exécutif est soumis à l'élection et ne reçoit ses fonctions que pour un temps limité, comme cela a lieu en France où il est élu pour sept ans, le gouvernement est une république. C'est le seul gouvernement qui soit compatible avec la liberté des citoyens et avec l'intérêt de l'État. Il y a toute

garantie sous le régime républicain pour que la direction des affaires soit confiée aux hommes les plus habiles et les plus honnêtes. Quand le parlement refuse
d'approuver la politique des ministres, il les contraint
à donner leur démission, et si les actes du président de
la république ne sont plus conformes à la volonté nationale, il ne le renomme pas à l'expiration de son
mandat.

De la sorte la république est bien le gouvernement du
peuple par le peuple ; c'est, comme le mot l'indique (1)
la chose publique, la chose de tous.

(1) *Res*, en latin, signifie chose, d'où *res publica*. La Constitution
qui nous régit actuellement date de 1875 ; le préambule de la pré-
cédente constitution *républicaine*, celle de 1848, commençait ainsi :
« En présence de Dieu et au nom du peuple français, l'Assemblée
nationale proclame : « La France s'est constituée en république.
En adoptant cette forme définitive de gouvernement, elle s'est pro-
posé pour but de marcher plus librement dans la voie du progrès
et de la civilisation, d'assurer une répartition de plus en plus
équitable des charges et des avantages de la société,... de faire
parvenir tous les citoyens, par l'action nécessaire et constante des
institutions et des lois à un degré toujours plus élevé de moralité,
de lumière et de bien-être. — La République française est démocratique... Elle a pour principes la liberté, l'égalité et la fraternité ;
elle a pour bases la famille, le travail, la propriété, l'ordre public... »

CHAPITRE XVII

DEVOIRS DES SIMPLES CITOYENS. — LE PATRIOTISME.

Division des devoirs civiques. — Les vertus du citoyen.
I. L'obéissance aux lois. — Le respect de la Constitution. — Devoir
     de prêter main-forte à l'autorité.
     L'impôt; le budget. — Les fraudes envers l'État. — Équitable ré-
     partition de l'impôt. — Le service militaire. — Sa nécessité. —
     Égalité de tous les Français devant la loi militaire. — Les
     vertus militaires.
II. Le vote. — Devoirs des électeurs. — L'indifférence en matière
     politique.
     L'instruction obligatoire.
     Devoir des éligibles.
III. Le patriotisme. — Le dévouement à la patrie pendant la guerre.
     — Le patriotisme pendant la paix.
     Le cosmopolitisme.

DIVISION DES DEVOIRS CIVIQUES. — Il était nécessaire
de nous rendre compte de la nature de l'État avant
de traiter des devoirs civiques; on est d'autant plus
disposé à respecter les lois qu'on en comprend mieux
l'équité.

Les devoirs civiques se divisent naturellement en
deux classes : les devoirs des citoyens envers l'État,
et les devoirs de l'État, c'est-à-dire du gouvernement,
envers les citoyens.

LES VERTUS DU CITOYEN. — La force d'un Etat ne
dépend pas seulement de la configuration de son territoire et de la nature de ses institutions; elle repose
avant tout sur le caractère de ses citoyens. Toutes

les vertus privées ou publiques concourent au salut du pays. On a dit que la vertu est le ressort des Etats démocratiques; cela signifie que dans l'Etat où le citoyen a plus de droits il a plus de devoirs aussi. La responsabilité grandit avec la liberté; le peuple fait l'Etat à son image, et la patrie sera pleine de santé et de force, si le caractère de ses enfants est sain et vigoureux lui-même; mais s'il venait à se corrompre, les lois sans les mœurs resteraient impuissantes et l'Etat succomberait, rongé au cœur. Toute vertu peut donc par un certain côté être considérée comme une vertu civique; mais cette remarque faite, il y a lieu de distinguer les devoirs civiques proprement dits des autres devoirs.

Les devoirs stricts des citoyens envers l'Etat comprennent l'obéissance aux lois, le payement de l'impôt, le service militaire et l'obligation de voter aux élections.

I. L'OBÉISSANCE AUX LOIS. — Les lois, nous l'avons dit, sont de deux sortes, les lois civiles et les lois politiques.

Les lois civiles contiennent l'expression des devoirs de justice les plus importants; à ce titre l'obéissance aux lois se confond avec le respect de la justice elle-même.

Mais il arrive parfois qu'on s'imagine pouvoir sans injustice sortir de la légalité; dans ce cas, la loi doit encore être respectée parce qu'elle est la loi, parce qu'elle est la condition de la vie sociale et qu'on ne peut l'enfreindre sans préjudice pour l'État. Le législateur a eu ses raisons, que nous pouvons ne pas comprendre, en imposant au commerçant, par exemple, telle ou telle prescription gênante. Si chacun pouvait choisir parmi les lois et se soustraire à celles qui lui déplaisent pour n'accepter que celles dont il retire avantage, l'arbitraire remplacerait la règle, et la nation deviendrait la proie de l'anarchie. Celui qui commet une illégalité, si faible qu'elle soit, donne un exemple funeste, il aura des imitateurs : à la longue, les atteintes à la loi les plus légères en apparence introduisent le désordre dans l'État, « commè les petites dépenses souvent répétées dérangent les fortunes. »

Un sage de l'antiquité, Socrate, a poussé jusqu'à l'héroïsme le respect pour les lois : condamné à mort légalement pour un crime imaginaire il eût pu s'enfuir de sa prison : ses amis avaient assuré l'évasion. Il refusa et donna au monde la plus admirable leçon de vertu civique : « Les lois m'ont protégé jusqu'ici, dit-il, je leur dois l'instruction que j'ai reçue, je leur dois la vie. C'est librement que je les ai acceptées, car il dépendait de moi de quitter la république si elles me déplaisaient ; en restant à Athènes, en y élevant ma famille, je me suis engagé, sinon de parole, du moins de fait, à me soumettre à leur empire. Victime de l'injustice des hommes et non des lois, j'aime mieux mourir que de rendre injustice pour injustice, mal pour mal, plutôt que de me sauver en blessant la patrie ; on n'a pas le droit de frapper sa mère pour défendre sa vie. »

LE RESPECT DE LA CONSTITUTION. — On doit à la Constitution le même respect qu'aux lois civiles, puisque c'est elle qui donne aux magistrats le pouvoir de les appliquer ; elle en est le fondement, et si elle venait à être détruite, le cours de la justice serait suspendu. Pourtant il y a des hommes honnêtes en tout le reste qui se croient le droit d'employer la violence ou la fraude pour la renverser. Aveuglés par les passions politiques, ils refusent de se soumettre aux décisions de la majorité comme le pacte social les y oblige. Ils conspirent, ils se mettent en état d'insurrection contre le gouvernement légalement établi. Dissimulant leurs rancunes et leurs convoitises sous le prétexte du bien public, ils prétendent que c'est pour servir la patrie qu'ils attaquent l'État; comme si les luttes intestines n'étaient pas le plus grave danger pour un pays, qu'elles livrent épuisé et sans défense aux coups de l'étranger.

Au contraire, il faut sacrifier au bien public ses préférences particulières et ses intérêts. On n'est pas forcé d'aimer la Constitution, mais on est forcé de lui obéir tant qu'elle existe, et par esprit de justice et par amour pour la patrie. Si on juge que des lois différentes seraient meilleures, on a le droit et même le devoir d'employer la persuasion pour les faire adopter; la discussion est permise, les lois sont toujours sujettes à revision. C'est par la raison, non par la violence, que la vérité doit triompher. Les institutions humaines étant toujours imparfaites par quelque endroit, il est bien de chercher à les améliorer et de travailler au progrès par des moyens légaux. Mais conspirer, recourir à la force dans un pays de suffrage universel, c'est un attentat à la fois contre la liberté, contre la souveraineté nationale et contre la patrie. L'insurrection n'est excusable et légitime que dans un pays opprimé, où le peuple ne peut pas voter et où il se trouve dans la nécessité de revendiquer par la violence les droits que la violence lui a enlevés. La révolution de 1789 a été glorieuse et bienfaisante; une Révolution aujourd'hui serait un crime honteux et exécrable.

DEVOIR DE PRÊTER MAIN-FORTE A L'AUTORITÉ. — Ce

n'est pas assez de respecter les lois, il faut encore, quand les circonstances le réclament, être prêt à empêcher qu'elles ne soient violées par les autres. Sans doute ce soin regarde avant tout le gouvernement, sans doute on ne doit pas se faire dénonciateur à la légère ; mais quand la police n'est pas assez forte pour faire respecter la loi, tout citoyen lui doit son concours. Longtemps la police a été impopulaire en France parce qu'elle était au service d'un pouvoir arbitraire et servait à l'exécution de mesures tyranniques ; mais ce préjugé doit disparaître aujourd'hui que l'autorité est tout entière au service de la loi et de la nation. Prêter main-forte à l'exécution de la loi c'est venir au secours de la société menacee, et l'intérêt nous y convie aussi bien que le devoir. On ne saurait trop blâmer et flétrir la conduite de ceux qui sont toujours disposés à prendre parti pour les malfaiteurs et les perturbateurs de la paix publique contre les représentants de la loi.

L'IMPOT. — LE BUDGET. — Parmi les lois fondamentales de l'Etat se trouve celle qui oblige chaque citoyen à contribuer pour sa part aux dépenses accomplies dans l'intérêt commun, à payer l'impôt. L'État entretient une armée, une flotte, une police, des magistrats, des fonctionnaires de toute espèce, fait des routes, creuse des canaux et des ports, construit des écoles, envoie auprès des gouvernements étrangers des ambassadeurs pour représenter la nation. Tout cela coûte cher, il faut beaucoup d'argent pour pourvoir aux *services publics*. Tout le monde en profite, il est juste que tout le monde paie. L'association a sa caisse qu'on appelle le Trésor public, où chacun apporte sa contribution, qui est fixée par la loi Les députés auxquels chaque *contribuable* a confié mandat pour cela débattent en commun les dépenses que l'État doit faire chaque année et les impôts nécessaires pour y subvenir, ils votent le budget. Le budget est le tableau comparatif des recettes à réaliser et des dépenses à effectuer par l'Etat. Nous nous sommes donc engagés à payer, et nous devons faire honneur à cette dette comme à toute autre.

Les fraudes envers l'Etat. — Équitable répartition de l'impot. — L'impôt prend différentes formes, on paie tant sur la maison ou sur le champ qu'on possède, c'est *l'impôt foncier;* celui-là quand on le voudrait on ne peut pas le refuser; mais on paie tant aussi sur le vin que l'on consomme, sur les marchandises qu'on fait passer à la douane où à l'octroi. Malheureusement il arrive qu'on fraude sur cet impôt, on ne déclare pas les marchandises introduites, on en dissimule une partie, on ment aux employés. Chose singulière, il y a des gens se disant et se croyant honnêtes, qui ne rougissent pas d'employer ces procédés honteux pour commettre une action non moins honteuse et qu'il faut appeler par son nom, pour commettre un vol. On s'imagine que voler l'Etat ce n'est voler personne : erreur, c'est voler tout le monde. Il faut que l'argent nécessaire se retrouve, et si vous êtes parvenu, au moyen d'une véritable escroquerie, à ne pas payer votre part, les autres paient pour vous.

On ne peut s'expliquer l'illusion de certaines personnes en ce qui concerne ce genre de vol qu'en se reportant au temps où l'impôt était fixé par le pouvoir d'une manière arbitraire, réparti sans équité et dépensé sans contrôle. Le peuple alors regardait l'impôt comme un vol qui lui était fait, et il n'avait pas tout à fait tort; aussi ne se faisait-il pas scrupule de frauder le gouvernement qui l'opprimait. Mais aujourd'hui que la nation s'administre elle-même, tout impôt est légitime et a pour but l'intérêt public. La part de chacun dans les contributions est proportionnée à ses ressources, il n'y a plus de privilèges comme sous l'ancien régime, et la fraude est sans excuse. Celui qui vole l'État est non seulement un mauvais citoyen mais un malhonnête homme.

LE SERVICE MILITAIRE. — Le citoyen doit le service militaire comme il doit l'impôt et pour les mêmes raisons. Ce n'est pas assez de payer de sa bourse il est nécessaire qu'il paye aussi de sa personne. L'État n'a pas seulement besoin d'argent, il a besoin do soldats; et chacun doit contribuer pour sa part au recrutement de l'armée qui protège la patrie. Il faut donc, le moment venu, donner son temps, sa peine et au besoin sa vie à l'Etat.

C'est là un impôt très lourd, on l'a appelé l'impôt du sang; mais cet impôt est indispensable, et c'est celui qu'il serait le plus honteux de ne pas payer.

NÉCESSITÉ DU SERVICE MILITAIRE. — La guerre est une nécessité, elle a toujours existé et il est impossible de prévoir quand elle cessera d'ensanglanter la terre. L'Europe, pour ne parler que d'elle, est partagée en plusieurs nations divisées d'intérêts qui se jalousent les unes les autres et sont dans une continuelle rivalité. Il y a des nations querelleuses et des peuples brigands comme il y a des individus violents et malhonnêtes dans la société. Mais ceux-ci sont tenus en échec par les tribunaux et par les gendarmes. Il n'y a point, malheureusement, de tribunal des peuples pour juger les différends qui s'élèvent entre eux et mettre à la raison les coupables. La meilleure manière pour une nation d'éviter les guerres ou du

moins de les rendre plus rares c'est d'être solidement
armée et d'être toujours prête à parer aux éventuali-
tés. Le voleur hésite avant de s'attaquer au voyageur
quand il le sait sur ses gardes et en état de se défendre. Voilà pourquoi il y a des armées permanentes,
et pourquoi la conscription appelle chaque année un
grand nombre d'hommes au régiment. Il y a une autre
raison encore : c'est qu'il faut un apprentissage
pour le métier de soldat comme pour tout autre.
N'allez pas croire qu'il suffirait de courir à la frontière, le jour où elle serait menacée, sans avoir passé
auparavant par la caserne. Tout le courage du monde
serait inutile à des hommes qui ne seraient point ac-
coutumés au maniement des armes, aux exercices en
commun, à la discipline militaire, à la marche et aux
fatigues des camps. De là l'obligation du service militaire durant un temps plus ou moins long que fixe la
loi.

S'il y a un pays où l'on doive accepter plus volontiers cette charge que la patrie impose à ses enfants,
c'est bien la France. Chez nous, en effet, c'est la nation
elle-même qui, par la bouche de ses représentants, fixe
le temps à passer sous les drapeaux et décide de la
paix ou de la guerre. Il n'y a point à craindre par
conséquent que le service militaire soit prolongé au-
delà de la durée nécessaire, ou que le sang du peuple
soit versé inutilement sur les champs de bataille. Le
temps des guerres entreprises sur le caprice d'un souverain et dans l'intérêt d'une dynastie est passé.
Aussi celui qui refuserait de faire son devoir quand la
patrie l'appelle serait sans excuse.

ÉGALITÉ DE TOUS LES FRANÇAIS DEVANT LA LOI MILI-
TAIRE. — D'autre part, tous les Français sont égaux
devant la loi militaire comme devant les autres lois,

les anciens privilèges ont été supprimés ; chacun doit le service en personne ; l'argent n'exempte plus de la dette sacrée ; on ne peut plus, suivant l'odieuse expression autrefois usitée, « s'acheter un homme » et l'envoyer se faire tuer pour celui qui le paie. Il n'y a pas non plus d'inégalité dans les rangs, l'accès des grades est ouvert à tous ; et chaque soldat, quelle que soit sa naissance ou sa fortune, peut devenir général s'il est instruit et brave. Il faudrait être aussi injuste que lâche pour prétendre se dispenser d'une obligation qui est la même pour tous.

LES VERTUS MILITAIRES. — Celui qui, à l'âge du tirage au sort, passe à l'étranger pour échapper à la loi militaire est flétri sous le nom de déserteur. C'est un déserteur aussi celui qui simule ou se donne une infirmité pour ne pas servir. Il rompt le pacte social puisqu'il veut en recueillir les bénéfices sans en supporter les charges, et il s'expose à des peines infamantes. De pareils criminels sont heureusement fort rares en France. Mais il ne suffit pas de se soumettre au service militaire, il faut apporter une généreuse ardeur à remplir ses devoirs de soldat.

L'apprentissage des vertus militaires doit commencer dès l'école ; ces vertus sont la discipline et le courage. Il en coûte plus peut-être de s'astreindre à l'obéissance que de supporter les fatigues ou les privations et d'affronter les dangers ; mais le sacrifice de nos instincts d'indépendance est absolument nécessaire sous les drapeaux. Une armée qui discute est une armée perdue ; la discipline, au contraire, plus encore que le nombre des combattants et autant que leur bravoure, assure le gain des batailles.

II. LE VOTE. — DEVOIRS DES ÉLECTEURS. — Les habitants d'un pays libre comme la France participent tous au gouvernement comme électeurs lorsqu'ils ont vingt et un ans et quand ils n'ont pas été rayés des listes électorales à la suite d'une condamnation à une peine infamante ; ils jouissent des droits politiques ou civiques. C'est un devoir pour eux de les exercer, et ce devoir s'appelle proprement le *devoir civique.*

Le citoyen n'a pas seulement le droit mais le devoir de voter ; il doit le faire toutes les fois qu'une élection a lieu pour le conseil municipal, le conseil d'arrondissement, le conseil général ou la chambre des députés. La loi ne l'y force pas, il n'encourt aucune peine s'il ne se rend pas au scrutin, mais il n'en est pas moins coupable. Si la loi ne nous contraint pas à voter, ce n'est pas que l'abstention ne soit très nuisible à l'État, c'est que le vote n'a de valeur que s'il est donné librement. Celui qui ne vote pas est indigne de faire partie d'une nation libre ; c'est un être qui reste mineur toute son existence et est en tutelle comme l'enfant ou l'aliéné. Et si tous les autres, ou seulement un grand nombre de ses concitoyens font comme lui, il y a toutes chances pour que cette tutelle soit exercée par des incapables ou des ambitieux qui le conduiront à sa perte.

Certes le devoir de voter n'exige pas grande peine, et pourtant trop de gens trouvent des prétextes pour s'en dispenser. Il faut se déranger, renoncer à une partie de plaisir, à quelque affaire plus ou moins importante, et on laisse faire les autres sans réfléchir que si chacun raisonnait de la sorte l'élection serait impossible. Cela n'est pas à craindre, dit-on ; je le veux bien, parce que grâce à Dieu tout le monde n'est pas à ce point indifférent aux affaires publiques ; mais ce qui est à craindre, c'est que le pays soit mal représenté parce que les gens instruits et capables de faire de bons choix ont négligé d'user de leur droit, et se contentent de se lamenter quand le mal qu'ils pouvaient empêcher est arrivé.

Hors le cas de force majeure, de maladie par exemple, il faut toujours voter; on a vu plus d'une fois le sort d'une élection dépendre d'une seule voix. — Mais, dira-t-on, aucun des candidats en présence ne me convient! — D'abord, il est rare qu'ils soient également mauvais tous les deux, et il faut prendre celui qui se rapproche le plus de nos opinions, on ne peut espérer après tout rencontrer un homme qui ait absolument toutes nos idées; ensuite on a toujours la ressource de manifester sa désapprobation en mettant dans l'urne un bulletin portant un autre nom; on peut ainsi rendre nécessaire un nouveau tour de scrutin et provoquer une nouvelle candidature.

Ce n'est pas assez de dire qu'il faut voter ajoutons que le vote doit être honnête, désintéressé, éclairé.

Par le vote chacun décide pour sa part du sort de la nation entière. L'électeur ne saurait trop se pénétrer du sentiment de sa responsabilité. On a vu malheureusement des citoyens indignes de ce nom vendre leur suffrage : c'est sacrifier l'intérêt public à l'intérêt particulier, c'est vendre la patrie elle-même pour quelques deniers. L'électeur doit résister aux tentatives de corruption comme aux menaces et ne consulter que l'intérêt général. De plus, il doit s'éclairer sur les intérêts du pays et sur le mérite des candidats. Pour cela il lit les journaux, il assiste aux réunions publiques qui précèdent l'élection. Dans ces réunions il a le devoir de laisser se produire les opinions contraires à la sienne : c'est de la discussion que jaillit la lumière. Quand il s'est formé une opinion, son devoir est de chercher à la faire partager aux autres, de leur communiquer ses raisons, de faire de la propagande pour le candidat de son choix; un homme intelligent qui s'intéresse comme il le doit aux affaires publiques dispose à vrai dire de plusieurs bulletins de vote.

L'INSTRUCTION OBLIGATOIRE. — Ce n'est pas seulement quelques jours avant le vote qu'on peut se préparer à accomplir son devoir en conscience. Un ignorant incapable de lire les proclamations de foi et d'inscrire le nom d'un candidat sur un bulletin a bien des chances de mal voter. Dans un pays où tout le monde vote, tout le monde doit savoir lire et écrire. En dehors de l'intérêt même de l'individu, l'intérêt de l'État exige que l'enfant qui sera un jour électeur aille à l'école. L'État impose en quelque sorte le *service scolaire* comme il impose le service militaire parce que sa sécurité en dépend. Sans le service militaire il ne saurait y avoir de sécurité à l'extérieur ni d'indépendance nationale; sans le service scolaire, la sécurité intérieure est menacée et la liberté en péril. C'est là une des nombreuses raisons qui expliquent la loi sur l'instruction obligatoire. Loin d'être une atteinte à la liberté, cette loi en est la garantie.

DEVOIRS DES ÉLIGIBLES. — Le devoir civique ne nous oblige pas seulement comme électeurs, mais comme éligibles. L'indifférence politique peut se manifester par le refus systématique d'accepter un mandat de conseiller municipal ou de député, comme par l'abstention dans le vote. D'ordinaire, à défaut du sentiment du devoir, le désir des honneurs pousse à rechercher les fonctions électives; mais il y a des cas où l'amour du repos et la crainte des responsabilités l'emportent Un bon citoyen fera par patriotisme ce que d'autres font par ambition, et il sera prêt à occuper le poste pour lequel ses aptitudes et la confiance de ses concitoyens le désignent. On serait mal venu à se plaindre de la mauvaise gestion des affaires publiques, si par égoïsme on s'abstenait soi-même de leur consacrer une partie de son temps et de sa peine. Il y a des circonstances où les honneurs sont une lourde charge, par exemple aux époques de troubles; c'est alors surtout qu'il faut les rechercher.

III. LE PATRIOTISME. — Pour accomplir comme il convient les devoirs généraux de la vie sociale, il faut, nous l'avons vu, qu'au respect du droit se joigne l'amour des hommes; c'est la condition à la fois de la justice et de la charité. De même pour accomplir les devoirs civiques, il faut qu'au respect de la loi se joigne l'amour de la patrie. D'abord, l'amour de la patrie lutte contre l'égoïsme et nous empêche de violer les lois, ensuite il nous pousse à faire plus que ce que les lois exigent strictement. Les devoirs civiques comme les devoirs sociaux peuvent se diviser en devoirs *négatifs*, pour ainsi dire, qui interdisent de faire du mal à la patrie, et en devoirs *positifs* qui ordonnent de se dévouer pour elle. On donne le nom de patriotisme et à l'amour de la patrie et au dévouement qu'il engendre.

Le patriotisme est donc à la fois un sentiment et un devoir. Il commence par être un sentiment instinctif, on aime sa patrie comme on aime sa mère; naturellement on aime son pays natal, la langue maternelle, les coutumes au milieu desquelles on est élevé; on aime l'indépendance et la liberté; le cœur bat au récit des victoires et des défaites des aïeux; on est fier des grandes choses qu'ils ont faites et on est douloureusement ému au souvenir de leurs revers; on sent qu'on fait partie d'une grande famille dont on porte le nom comme on porte le nom de ses parents, et rien de ce qui l'intéresse ne nous est étranger ; nous participons à sa gloire, à ses succès, à ses malheurs.

Par mille attaches notre cœur tient à la patrie : c'est surtout quand nous sommes loin d'elle que nous sentons vivement combien elle nous est chère, et voilà pourquoi l'exil est un mal si grand, qu'on voit des hommes en mourir ; c'est surtout aussi quand elle est en danger que le patriotisme, qui demeure en temps ordinaire tranquille au fond de l'âme sans que nous y songions, éclate en transports passionnés et nous enflamme d'une immense ardeur.

LE DÉVOUEMENT A LA PATRIE PENDANT LA GUERRE. — Alors le patriotisme devient sacrifice et dévouement. On défend la patrie attaquée comme on défendrait sa mère ; tous ses enfants courent à la frontière pour la protéger, prêts à donner leur vie pour elle.

C'est ce qu'on vit en 1792, lorsque l'Europe coalisée voulut écraser chez nous la liberté naissante : le peuple se trouva debout en armes pour l'arrêter ; et tel fut l'enthousiasme patriotique, que la France qui semblait perdue put bientôt porter elle-même la guerre chez ses agresseurs. C'est ce qu'on vit aussi dans la dernière guerre, mais cette fois les plus admirables sacrifices ne purent préserver la France d'une cruelle blessure. Le dévouement de ses défenseurs dans une lutte inégale ne fut pourtant pas inutile, car il sauva l'honneur de la nation, l'honneur sans lequel il ne saurait y avoir pour elle ni considération dans le monde ni sécurité.

A toutes les époques et dans tous les pays le patriotisme a enfanté les plus sublimes vertus et les actions les plus héroïques. L'histoire de la Grèce et de Rome est pleine d'admirables exemples ; qui ne se rappelle les noms des Léonidas, des Décius et des Philopœmen ? Mais il n'est pas besoin de chercher dans l'antiquité et hors de chez nous des modèles de patriotisme, l'histoire de France nous offre presque à chaque page les plus beaux traits de dévouement. Les noms d'Eustache de Saint-Pierre, de Bayard, du chevalier d'Assas, de La Tour-d'Auvergne, de Bara et de Viala, ces enfants sublimes, et le plus glorieux de tous, celui de Jeanne d'Arc, sont dans toutes les mémoires.

C'est grâce à ces héros, c'est grâce à tous les Français qui dans le passé ont travaillé, lutté, versé leur sang pour la patrie que la France est aujourd'hui ce qu'elle est, une grande nation. Il ne faut pas se contenter de les admirer, il faut les imiter. Ils nous ont laissé un héritage de richesses et de gloire que nous devons transmettre intact à nos descendants. Il n'est pas donné à tout homme d'être un héros, mais chacun peut dans la mesure de ses forces faire acte de dévouement envers son pays. Le patriotisme est de toutes les conditions et prend toutes les formes. Si l'ennemi menace la frontière, il pousse le jeune homme valide à devancer l'appel, et remet les armes à la main de celui qui a déjà payé sa dette ; il donne à tous dans la mêlée le courage d'affronter la mort.

Le patriotisme pendant la paix. — Mais la guerre, grâce à Dieu, n'est qu'une exception. Ce n'est pas tout que d'être prêt à mourir pour son pays, il faut aussi vivre pour lui. Le patriotisme a sa place encore pendant la paix et dans la vie civile, et en tout temps il commande le sacrifice ; quand ce n'est pas le sacrifice de la vie, c'est le sacrifice de nos intérêts, de notre temps, ou encore de nos préférences et de nos rancunes. Par exemple, il ordonne de voter non pour l'homme qui peut nous être le plus utile ou qui a notre amitié, mais pour celui qui paraît devoir le mieux servir l'Etat, serait-ce notre ennemi particulier; il fait taire l'esprit de parti et nous porte à donner notre concours aux hommes que nous n'aimons pas quand les intérêts et l'honneur du pays sont en jeu. Il soutient chacun dans l'accomplissement de ses devoirs professionnels. Le savant, l'artiste, l'industriel, l'agriculteur, le commerçant contribuent chacun à leur manière à la prospérité et à la grandeur de la France. L'amour-propre national les anime, les élève au-dessus d'un égoïsme mesquin, les fait rivaliser d'efforts et de sacrifices comme on le voit dans les luttes pacifiques des expositions universelles. Chaque fonctionnaire accomplit sa tâche avec plus de conscience et d'ardeur s'il est patriote : l'idée de la patrie doit toujours être présente à l'esprit des instituteurs de la jeunesse, car c'est d'eux que dépend en grande partie l'avenir de la nation. Les enfants eux-mêmes, pour qui l'heure des grands devoirs et des graves responsabilités n'a pas encore sonné, peuvent prouver leur reconnaissance pour la mère commune en apportant dans l'accomplissement de leurs devoirs d'écoliers le zèle qui doit en faire des citoyens éclairés et utiles.

Avec le patriotisme, un peuple peut, à certains moments de son histoire, être trahi par la fortune, mais il ne tarde pas à se relever de sa chute et à reprendre son rang dans le monde. C'est ainsi que la France, à diverses reprises, est sortie glorieuse et prospère des plus rudes épreuves grâce à l'énergie du sentiment national. Sans le patriotisme, la vie nationale est atteinte dans sa source, la décadence est certaine et la ruine est proche. On sait ce qui advint de la Grèce et de Rome quand les vertus qui les avaient élevées si haut eurent disparu.

Le cosmopolitisme. — Pourtant le patriotisme a des ennemis : il y a des hommes égarés ou pervers qui même après nos désastres opposent l'humanité à la patrie et disent qu'ils sont les citoyens du monde et non les citoyens d'une nation. C'est là le cosmopolitisme (1).

> L'ami du genre humain n'est point du tout mon fait.

a dit Molière, et il a raison. Celui qui fait profession d'aimer tout le monde, en réalité n'aime personne. C'est un égoïste qui pour échapper aux obligations que le patriotisme impose se saisit du prétexte de la fraternité universelle. Sans doute, en un sens tous les hommes sont frères puisqu'ils ont une commune nature, aussi a-t-on envers tous des devoirs de justice et de charité. Si tous étaient également sages et parfaits ils devraient former une grande famille. Mais c'est là une chimère : en fait, nous voyons les peuples divisés d'intérêt, en proie à des rivalités perpétuelles. Celui qui désarmerait serait dépouillé et dévoré par les autres. L'ami de l'humanité qui veut cesser d'être Français deviendrait vite Prussien s'il trouvait beaucoup d'imitateurs. Il veut se soustraire aux devoirs que lui impose la patrie française : il tomberait sous le joug d'un gouvernement étranger.

Le patriotisme n'exclut pas les devoirs d'humanité. — Ce n'est pas seulement au nom de la France, c'est au nom de l'humanité même que nous combattons le cosmopolitisme. Un individu isolé ne peut rien pour le bonheur des peuples ; si vraiment il éprouve la noble passion d'améliorer le sort du genre humain, le meilleur moyen d'y travailler c'est de se consacrer de tout son cœur au service de la France ; sous son drapeau il luttera pour la civilisation et pour la justice. Car la

(1) De deux mots grecs dont le premier signifie monde et le second citoyen. On dit encore *internationalisme*.

France n'est pas un pays égoïste, elle a toujours pris parti pour les opprimés : on l'a vue aux approches de la Révolution donner son appui aux légitimes revendications des colons d'Amérique, et la Révolution elle-même elle l'a faite au nom des droits de l'humanité, rêvant alors de donner la liberté au monde.

Le patriotisme pour un Français n'est donc pas contraire à des sentiments légitimes de fraternité, il exclut seulement l'égoïsme individuel qui se cache le plus souvent sous ce grand mot de cosmopolitisme.

Le patriotisme, comme les plus nobles sentiments du cœur humain, peut devenir une passion mauvaise et dégénérer en fanatisme, s'il exclut d'autres sentiments également légitimes. Il n'est pas nécessaire de cesser d'aimer sa famille pour être patriote ; dans l'histoire romaine, le jeune Horace tuant sa sœur au nom de la patrie, est un fanatique. On ne doit pas non plus sacrifier les devoirs d'humanité aux devoirs patriotiques ; Fabricius dénonce à Pyrrhus la proposition du médecin infidèle qui offrait aux consuls d'empoisonner leur ennemi ; il a laissé un bel exemple que les Romains n'ont malheureusement pas toujours imité. C'est un patriotisme mal compris qui pousse un homme d'État à employer des procédés injustes pour accroître le territoire de la nation à laquelle il appartient, un général à se servir de moyens barbares ou déshonorants pour triompher de ses ennemis. Mais on peut éviter de pareils excès sans tomber dans l'excès contraire des cosmopolites, des « sans-patrie ».

CHAPITRE XVIII

DEVOIRS ET DROITS DES GOUVERNANTS. — LE POUVOIR LÉGISLATIF.

Devoirs des gouvernants envers l'État.
Devoirs des gouvernants envers les gouvernés.
La devise républicaine. — Liberté — Égalité — Fraternité.
La politique n'est pas en opposition avec la morale. — Droits des gouvernants.
Pouvoir législatif. — Devoirs et droits du législateur.

DEVOIRS ET DROITS DES GOUVERNANTS. — Nous avons vu les devoirs des citoyens en général, mais parmi eux il en est qui ont une responsabilité spéciale et des devoirs ainsi que des droits d'une nature particulière : ce sont ceux qui font partie du gouvernement, qui sont investis d'une part de l'autorité publique, depuis les députés jusqu'aux conseillers municipaux, depuis le président de la République jusqu'au maire de la plus petite commune, depuis les conseillers à la cour d'appel jusqu'au juge de paix du dernier canton. Tous ont une mission à remplir dans l'œuvre pour laquelle l'Etat est institué; ils sont à même de rendre à leur pays les plus grands services, mais aussi ils peuvent par leurs fautes lui causer les plus grands dommages. Ils sont les serviteurs de l'Etat; de là résulte pour eux une double série d'obligations : 1° ils ont des devoirs envers l'Etat lui-même; 2° ils ont des devoirs envers les citoyens, envers les gouvernés.

DEVOIRS DES GOUVERNANTS ENVERS L'ÉTAT. — Leurs devoirs envers l'Etat consistent à défendre contre

toutes les attaques les pouvoirs publics et à maintenir
dans leur intégrité les droits du Gouvernement en face
des individus qu'un égoïsme aveugle pousse à les méconnaître. Par exemple s'ils sont députés, ils sauront
faire respecter les prérogatives de la Chambre, au
besoin ils braveront la mort, comme Boissy d'Anglas,
plutôt que d'abaisser la majesté de l'Assemblée devant
l'émeute triomphante. S'ils sont ministres, ils ne laisseront pas s'affaiblir en leurs mains l'autorité dont la
Constitution les investit.

Devoirs des gouvernants envers les gouvernés. —
Mais l'Etat n'a des droits que parce qu'il a des devoirs
envers les citoyens. Ces devoirs doivent être sans cesse
présents à l'esprit des gouvernants et dicter leur conduite. Il arrive parfois que les hommes arrivés au pouvoir semblent considérer le poste qu'ils occupent
comme créé en vue de leur intérêt particulier et pour
leur satisfaction personnelle. La vérité est qu'ils se
doivent au bien public et que l'intérêt général doit
être le but de leurs efforts. En acceptant la mission
qui leur est confiée, ils prennent l'engagement de la
bien remplir; et ils ne doivent l'accepter que s'ils se
croient capables de le faire. Leurs devoirs varient suivant leurs fonctions, mais chacun pour sa part doit
s'inspirer de la belle devise républicaine : Liberté,
Egalité, Fraternité.

La devise républicaine. — **Liberté.** — Le pouvoir
entre les mains qui le détiennent ne doit pas être un
instrument d'oppression, mais une garantie pour la
liberté. Dans l'état social la liberté de chacun est limitée
par celle d'autrui. La loi fixe ces limites et les magistrats les font respecter. Leur autorité sert à protéger
le droit contre l'injustice et à empêcher l'oppression
du faible par le fort.

Voici comme s'exprime à ce sujet la Déclaration des droits de l'homme de 1789 :

Art. 2. Le but de toute association politique est la conservation des droits naturels et imprescriptibles de l'homme. — Ces droits sont : la liberté, la propriété, la sûreté, la résistance à l'oppression.

Art. 4. La liberté consiste à pouvoir faire tout ce qui ne nuit pas à autrui. — Ainsi l'exercice des droits naturels de chaque homme n'a de bornes que celles qui assurent aux autres membres de la société la jouissance de ces mêmes droits. Ces bornes ne peuvent être déterminées que par la loi.

Art. 5. La loi n'a le droit de défendre que les actions nuisibles à la société. Tout ce qui n'est pas défendu par la loi ne peut être empêché et nul ne peut être contraint à faire ce qu'elle n'ordonne pas.

Art. 12. La garantie des droits de l'homme et du citoyen nécessite une force publique. Cette force est donc instituée pour l'avantage de tous et non pour l'utilité particulière de ceux auxquels elle est confiée.

Égalité. — Les gouvernants doivent protéger également la liberté de tous les citoyens et appliquer à tous la loi également.

L'égalité de tous les citoyens est proclamée en ces termes dans l'article 1er de la déclaration des droits :

Les hommes naissent libres et égaux en droits. Les distinctions sociales ne peuvent être fondées que sur l'utilité commune.

On a cru à tort que la liberté ne pouvait se fonder que sur les inégalités sociales ou qu'au contraire l'égalité ne pouvait s'acheter qu'au prix de la liberté. En réalité la liberté et l'égalité sont inséparables. L'existence d'une caste privilégiée serait une menace permanente pour la liberté du peuple et l'égalité sous un gouvernement despotique n'a aucun prix.

Un des plus fréquents abus chez ceux qui gouvernent. c'est de favoriser quelques-uns au détriment de tous. Les privilèges de naissance sont supprimés, ils ne doivent pas être remplacés par la faveur.

FRATERNITÉ. — La société ne repose pas seulement sur l'égalité qui est le principe de la justice, mais encore sur la fraternité (1) qui est le principe de la charité. Une nation n'est pas seulement une association d'individus sur la défensive et retranchés derrière leurs droits, elle forme aussi une grande famille dont tous les membres doivent s'entr'aider comme des frères. Si l'État a pour premier devoir de faire régner la justice parmi les citoyens et de réprimer le mal, ce n'est pas là son seul devoir, et il doit concourir aussi à la réalisation du bien, faire œuvre de fraternité. L'individu fait la charité suivant l'inspiration de son cœur, il soulage dans la mesure de ses forces les misères qui sont à sa portée, mais les ressources de la charité individuelle sont bornées, elle s'exerce d'une manière irrégulière, elle a ses défaillances : l'État, c'est-à-dire la nation tout entière par l'intermédiaire de ses gouvernants, devait intervenir pour prendre les mesures d'humanité qui réclament de grandes ressources et une action régulière. L'enfant abandonné ne peut périr, et cependant nul n'est tenu en particulier de le recueillir, il fallait que la nation l'adoptât. De là l'institution des hôpitaux d'enfants trouvés. Il fallait que le malade sans ressources fût soigné, que le vieillard pauvre eût un asile pour ses dernières années, de là les hôpitaux de malades, les asiles d'aliénés, les maisons de refuge pour la vieillesse. Beaucoup de ces établissements sont dus, il est vrai, à l'initiative privée, mais l'État

____

(1) Le mot *fraternité* désigne la solidarité étroite qui unit les hommes comme des frères, le sentiment auquel elle donne naissance et le devoir social qui en découle.

devait suppléer par l'action collective de la société tout entière à l'insuffisance des efforts des particuliers (1). C'est ainsi encore qu'il distribue à tous les enfants le pain des intelligences, l'instruction dont nul ne doit être privé dans une société civilisée. Si un département est soumis à une inondation, à quelque fléau qui le ruine, en vertu de la solidarité qui unit tous les Français le gouvernement lui vient en aide avec les deniers du Trésor public.

Il convient de remarquer que l'État, en agissant ainsi, n'obéit pas moins à ses intérêts les plus pressants qu'à un devoir sacré. Il en est d'une nation comme d'un grand corps dont l'existence est menacée si l'une des parties est gravement atteinte; il est nécessaire de prévenir le mal si l'on peut, et de lui porter remède quand il éclate.

Pourtant il y a un milieu à garder. Certaines personnes ont le tort de compter en tout et pour tout sur le gouvernement, de s'en prendre à lui de tous les fléaux qui peuvent arriver dans un pays, tels que mauvaises récoltes, épidémies, etc., et d'attendre de lui comme d'une providence le remède de tous les maux. L'État ne peut ni ne doit pourvoir à tout, son action laisse subsister les responsabilités individuelles, et chacun doit compter sur soi avant de compter sur l'État.

Mais ces réserves faites, il reste établi que les trois grandes idées exprimées par la devise républicaine se tiennent et se complètent. Quiconque fait partie du gouvernement doit autant qu'il est en lui la mettre en pratique.

(1) Parmi les établissements d'assistance publique, une partie seulement est à la charge de l'État, les autres sont subventionnés par les départements et par les communes; mais, au point de vue du principe, cette distinction est indifférente.

LA POLITIQUE N'EST PAS EN OPPOSITION AVEC LA MORALE. — Les hommes qui sont au pouvoir ont des obligations particulières et en quelque sorte professionnelles, mais ils sont soumis d'abord, comme tout le monde, aux devoirs généraux de la vie sociale. Il n'est pas superflu de le rappeler, car par un déplorable égarement on a trop souvent opposé la morale politique à la morale des honnêtes gens. On a dit qu'il y avait deux morales, l'une à l'usage du peuple, l'autre à l'usage du gouvernement, et que ce qui est défendu aux particuliers est permis à l'État. Quoi ! les fautes et les crimes dont un homme rougirait comme simple citoyen, il se les croirait permis parce qu'il est chargé de fonctions publiques? Le devoir est universel, la loi morale n'admet aucune exception. Un homme qui est élevé au pouvoir ne change pas de conscience en même temps que de situation ; la justice n'a point de ces métamorphoses ; le mal est toujours le mal, le bien toujours le bien. On ne saurait trop flétrir le politique qui manque à ses promesses, qui viole ses engagements, qui se parjure, quel que soit le prétexte dont il colore son crime.

La première qualité qu'une nation doit exiger de ses chefs, c'est l'honnêteté. La Convention, dans sa Déclaration des droits, a dit admirablement : « les peuples libres ne reconnaissent d'autres motifs de préférence dans les élections que les vertus et les talents. » Elle a mis la vertu avant le talent même et elle a eu raison. La vertu n'est pas une qualité suffisante pour gouverner, mais elle est nécessaire. Sans elle tous les dons de l'intelligence ne sont que des puissances malfaisantes, des instruments de crime. Un scélérat intelligent au pouvoir serait plus redoutable mille fois qu'un malfaiteur vulgaire.

S'il y avait une différence à établir entre les simples
citoyens et leurs chefs au point de vue de la moralité,
je dirais que la justice, le désintéressement et l'amour
du bien public doivent se trouver à un degré plus émi-
nent chez les hommes qui sont exposés à plus de tentations parce qu'ils disposent d'une puissance plus
grande, et dont l'égoïsme criminel peut mettre en
péril la nation tout entière.

LES DROITS DES GOUVERNANTS. — Les droits des gouvernants sont en rapport avec leur devoirs. Il est
nécessaire qu'ils aient le pouvoir de faire ce qu'ils ont
le devoir de faire. Si le gouvernement manquait de
l'autorité suffisante, le désordre se mettrait partout,
le pays tomberait dans l'anarchie, s'épuiserait dans
les luttes sanglantes de ses propres enfants et deviendrait une proie offerte à l'étranger.

Les droits comme les devoirs des gouvernants
varient suivant les fonctions de chacun, on les comprendra mieux en considérant successivement les différents pouvoirs publics.

POUVOIR LÉGISLATIF : DEVOIRS ET DROITS DU LÉGISLA-
TEUR. — Le pouvoir législatif est exercé par les députés élus directement par la nation et par les sénateurs,
qui doivent aussi, quoique nommés d'une façon différente, leur mandat à l'élection. Leurs attributions
sont très étendues, car ils ne se bornent pas à faire
les lois, ils établissent le budget, c'est-à-dire qu'ils
fixent les dépenses de l'Etat et votent les impôts;
enfin ils exercent un contrôle incessant sur le gouvernement. En vertu du *régime parlementaire* un vote de
la chambre des députés peut renverser les ministres
dont les actes sont en désaccord avec les vœux de la
nation.

De ce que les mandataires du peuple ont le pouvoir

do faire les lois, il ne s'ensuit pas qu'ils soient affranchis de toute règle en les faisant. Les anciens rois donnaient leur *bon plaisir* comme unique raison de leurs décisions : le bon plaisir de plusieurs ne servirait pas plus que celui d'un seul à justifier les résolutions prises par une assemblée. Les législateurs ont le devoir de respecter une autorité supérieure à la leur aussi bien qu'à celle des rois, celle de la raison et de la conscience. Ils doivent conformer leurs lois aux règles de la morale et ne rien édicter qui soit contraire aux droits inaliénables des personnes. C'est en vain qu'ils allégueraient la *raison d'État*. « Le salut du peuple *n'est pas* la loi suprême. » Ecartons cette maxime détestable qui autoriserait tous les crimes ; la loi suprême est la loi morale. L'injustice légale serait la plus odieuse et la plus dangereuse des injustices.

Dans une assemblée politique la majorité doit se défendre contre la tentation d'abuser de la loi du nombre, et d'opprimer la minorité. Il faut que toutes les opinions se manifestent en pleine liberté, même celles qui déplaisent le plus au parti dominant. L'opposition est l'exercice d'un droit qui est la sauvegarde de la liberté.

C'est une tâche difficile que de faire des lois justes et utiles, que de réaliser dans la législation les progrès nécessaires, d'opérer sans ébranler l'Etat les réformes réclamées par l'opinion publique, il y faut beaucoup de lumières et de dévouement, aussi les mandataires de la nation ont-ils droit au respect de ceux qui les ont choisis comme les plus capables et les plus dignes. Ils doivent posséder pendant la durée de leur mandat l'indépendance nécessaire pour accomplir leur mission suivant leur conscience.

CHAPITRE XIX

DEVOIRS ET DROITS DES GOUVERNANTS (*Suite*). — LE POUVOIR EXÉCUTIF. — LE POUVOIR JUDICIAIRE. — LE DROIT DE PUNIR.

I. Devoirs et droits du gouvernement.
   Devoirs des fonctionnaires.
II. Le pouvoir judiciaire.
   Devoirs et droits des magistrats. — Leur responsabilité.
   Le jury.
III. Fondement du droit de punir.
   Limites du droit de punir.
   La peine de mort. — Proportionnalité des délits et des peines.

Le pouvoir exécutif s'appelle plus particulièrement le gouvernement, quoique le gouvernement de l'Etat s'exerce au moyen de trois pouvoirs. Mais c'est lui qui a surtout la direction des affaires. C'est lui qui nomme aux différents emplois civils et militaires, c'est lui qui entretient les relations avec les gouvernements étrangers. Le pouvoir exécutif est aux mains du président de la République et des ministres.

Le président de la République est élu par le Sénat et la Chambre des députés réunis en congrès. La durée de son mandat est fixée actuellement en France à sept ans. Il choisit les ministres, qui doivent faire approuver leur politique par le parlement.

I. DEVOIRS ET DROITS DU GOUVERNEMENT. — Le gouvernement a une grande responsabilité et des devoirs très graves.

En premier lieu, il doit respecter la liberté, et ne se servir de la force qu'il a en main que conformément à la Constitution. S'il s'insurgeait contre les Chambres qui contrôlent ses actes, il commettrait ce crime abominable qu'on appelle un coup d'Etat. L'homme qui accomplit un coup d'Etat est un ennemi public et mérite d'être traité comme tel.

En second lieu, le gouvernement doit assurer l'ordre dans l'Etat en veillant avec énergie à l'exécution des lois, en réprimant toute tentative contre la paix publique.

C'est du gouvernement que dépend aussi la sécurité à l'extérieur. Il est chargé de prendre les mesures de défense nécessaires, et par la diplomatie il assure ou compromet les bonnes relations avec les pays étrangers. Sans doute la paix ou la guerre ne peut être faite que sur un vote du parlement, mais il n'en est pas moins vrai que les intérêts, la dignité et la destinée du pays sont en grande partie entre ses mains ; car il peut laisser accomplir des actes irréparables par faiblesse, ou rendre par sa témérité le recours aux armes inévitable.

Les nominations aux fonctions publiques et aux divers emplois de l'Etat sont faites, suivant leur nature, par le Président de la République sur la présentation des ministres, par les ministres, les préfets etc. Certaines conditions sont requises pour l'obtention de différents emplois : concours, production de diplômes, justification de services antérieurs ; mais il en est un certain nombre pour lesquels toute latitude est laissée au Gouvernement et ses représentants peuvent en abuser pour placer des hommes incapables ou indignes qu'on appelle dans ce cas leurs créatures,—car ils les tirent du néant,—c'est ce qu'on appelle le *favoritisme*. La tentation en est grande, car chaque personnage au pouvoir est *sollicité* de mille façons. Il lui faut une conscience très droite et un véritable courage pour résister aux demandes de ses parents, de ses amis, des hommes dont il peut attendre à son tour des services. Mais s'il cède il est coupable envers l'État, car il compromet les services publics en les confiant à des mains inhabiles, et envers les individus plus capables qui méritaient mieux le poste où d'autres ont été appelés par faveur. Sous un régime de liberté, l'opinion publique, qui a pour principal organe la presse, est un obstacle aux abus de pouvoir de ce genre ; les Chambres exercent aussi un contrôle sur les ministres, auxquels elles peuvent toujours retirer leur confiance.

S'il arrive que les actes des ministres prêtent à des critiques légitimes, il ne faut pas oublier non plus que le public est souvent injuste à leur égard. Ils sont en butte à l'envie de tous ceux qui se figurent avoir plus de mérite qu'eux ou que les fonctionnaires qu'ils nomment. On exagère les fautes que les meilleurs commettent inévitablement, puisqu'aucun homme n'est infaillible, et on dénature leurs actes les plus légitimes. Celui qui réfléchit à la difficulté de leur tâche, au travail immense dont ils sont chargés, doit avoir pour eux au contraire de l'indulgence et de la reconnaissance.

On comprend la défiance envers les hommes au pouvoir dans les pays où le gouvernement est le privilège d'un homme ou d'une catégorie de citoyens ; dans un pays démocratique comme le nôtre, le citoyen s'honore au contraire en honorant ses chefs, en respectant leur autorité, puisque c'est lui qui les a choisis directement ou par l'intermédiaire de ses mandataires, puisque l'autorité dont ils jouissent vient de lui.

Il est juste que ceux qui ont les plus grands devoirs aient aussi les droits les plus grands.

DEVOIRS DES FONCTIONNAIRES. — Les fonctionnaires ont également des devoirs et des droits plus ou moins importants, suivant le rang et le poste qu'ils occupent. Ce que nous avons dit sur les gouvernants en général s'applique à tous ceux qui représentent à quelque degré l'autorité publique (1). Ils ont envers le public des devoirs professionnels, ils peuvent causer en effet de graves préjudices à un grand nombre de personnes, s'ils considèrent leur charge comme un *bénéfice* à exploiter, plutôt que comme une fonction à remplir dans l'intérêt de tous. L'exactitude dans l'expédition des affaires, l'assiduité sont pour eux un devoir strict; et le patriotisme leur impose le dévouement dans les circonstances exceptionnelles.

Ils ont en outre une responsabilité particulière vis-à-vis du gouvernement qui les emploie, le public est disposé à juger sévèrement le gouvernement sur la conduite de ses agents; c'est à ceux-ci, par leur zèle et leur déférence pour le public, de le faire aimer.

Les fonctionnaires ont pour la plupart des supérieurs et des inférieurs, de là des devoirs spéciaux. Le mauvais fonctionnaire est servile envers ses supérieurs pour obtenir par faveur l'avancement qu'il ne mérite pas par son travail, dur et insolent envers les inférieurs. La déférence pour les chefs ne doit jamais faire oublier le respect de soi, non plus que l'autorité qu'on exerce envers les subordonnés, le respect de la personne d'autrui.

II. **LE POUVOIR JUDICIAIRE.** — Le pouvoir judiciaire est le troisième des grands pouvoirs publics. Il a pour mis-

(1) Au sens large est fonctionnaire quiconque occupe une fonction publique; dans un sens plus précis, on désigne surtout sous ce nom ceux qui occupent une fonction administrative.

sion de rendre la justice. Il est exercé par des magistrats choisis par le ministre de la justice. On distingue la magistrature debout et la magistrature assise. La magistrature *debout* comprend les procureurs généraux, les avocats généraux, les procureurs de la République, les substituts.

Dans un tribunal, le procureur de la République occupe ce qu'on appelle le *ministère public;* il se *lève* au nom du gouvernement pour requérir l'application et l'exécution des lois. La magistrature assise est exercée par les juges, qui, après avoir écouté les débats du procès, prononcent la sentence. Les procureurs de la République et les juges d'instruction sont chargés de diriger les poursuites contre les criminels et d'instruire les affaires. A ce titre, ils disposent du pouvoir de faire arrêter et mettre en prison les individus soupçonnés d'un crime.

DEVOIRS ET DROITS DES MAGISTRATS. — On voit aisément, d'après les attributions du pouvoir judiciaire, quels sont les devoirs des magistrats qui l'occupent. Ils doivent être impartiaux; interprètes de la loi, ils doivent l'appliquer à tous sans distinction. Le progrès des mœurs et de l'organisation judiciaire rend à peu près impossible la vénalité; on ne corrompt plus les juges à prix d'argent. Mais ils ont à se défendre contre l'esprit de parti, les préférences personnelles, le désir de plaire au Gouvernement.

On connaît cette belle parole : la magistrature rend des arrêts et non pas des services. Un magistrat qui, par crainte ou par ambition, rendrait un arrêt contraire à sa conscience serait aussi coupable que s'il avait vendu la justice. Il ne doit pas plus céder à l'affection' qu'il peut éprouver pour un plaideur ou pour un coupable qu'aux menaces ou aux promesses. Une sentence injuste n'a pas seulement pour effet de causer un dommage actuel aux particuliers ou à la société, elle porte la plus grave atteinte à la conscience publique. Par profession les magistrats sont tenus de donner aux autres l'exemple du respect le plus scrupuleux envers la loi.

Non seulement ils ne doivent pas être injustes sciemment et avec intention, mais ils doivent prendre toutes les précautions possibles pour ne pas l'être à leur insu.

LA RESPONSABILITÉ DES MAGISTRATS. — Une erreur judiciaire peut avoir les conséquences les plus graves, sans parler même des procès criminels, d'où dépend la liberté, l'honneur, la vie même des individus ; en matière civile un jugement peut ruiner une famille. Le juge qui, faute d'avoir suivi assez attentivement les débats ou d'avoir assez étudié un procès, rendrait une mauvaise sentence, serait moralement responsable du mal qu'il ferait. S'il s'en apercevait, sa conscience lui ordonnerait, ce que la loi ne peut pas faire, de réparer le dommage causé. L'histoire rapporte un bel exemple de probité dans l'accomplissement du devoir professionnel donné par un magistrat du temps de Louis XIV, Chamillard : « Il avait rapporté au parlement dont il était membre un procès qui venait d'être jugé. Le perdant vint le voir, et là, tout en déplorant sa ruine, il se plaignit hautement d'avoir été condamné et revenait toujours sur une certaine pièce qui, selon lui, devait lui faire gagner son procès. Chamillard, qui l'écoutait avec patience et douceur, lui dit qu'en effet il aurait gagné si cette pièce avait été produite, mais qu'elle n'était pas au dossier. Le plaideur insiste ; on dispute, et enfin Chamillard ouvre le sac et y trouve cette pièce capitale qui changeait la face de l'affaire et que par négligence

il avait omis de lire. Son parti fut pris en un instant.
Il dit au plaideur de revenir le lendemain, et comme le
jugement était sans appel, il passa la nuit à battre
monnaie de tous côtés, et ayant réalisé la somme dont
il avait fait tort au plaideur, il la lui remit, se dépouil-
lant ainsi de presque toute sa fortune (1) ».

Aujourd'hui, l'institution des cours d'appel a pour
but de réparer les erreurs judiciaires commises dans
les tribunaux de première instance, mais les juges ont
encore une grande responsabilité.

Le pouvoir qu'a le juge d'instruction de lancer des
mandats d'arrêt contre un accusé avant le jugement
peut donner lieu à des abus très graves. On a vu des
hommes se tuer par désespoir d'avoir été mis en prison
sur de faux soupçons.

Le jury.— Le pouvoir de rendre la justice n'est pas
seulement réservé à une catégorie de citoyens dont
c'est la profession, mais tout homme honorable et suffisamment instruit peut être appelé une ou plusieurs fois
dans sa vie à faire fonctions de juge dans les pays où
existe comme chez nous l'institution du jury. Dans les
affaires criminelles qui sont du ressort de la cour
d'assises on adjoint aux magistrats douze jurés. Leur
rôle est de prononcer sur la culpabilité plus ou moins
grande de l'accusé. Ils acquittent ou condamnent et
admettent, s'il y a lieu, des circonstances atténuantes.
Les magistrats fixent ensuite la peine conformément à
la loi. Le but de cette institution est d'entourer l'accusé dans les procès aussi graves de toutes les garanties désirables. Pour se prononcer sur une question de
fait, des études spéciales de droit ne sont pas nécessaires, le sens commun suffit.

(1) Cité par J. Simon dans le *Devoir* (d'après Saint-Simon).

Les fonctions de juré sont obligatoires (1), nul de ceux qui sont désignés ne peut s'y soustraire.

On a le soin, d'ailleurs, de ne mettre sur la liste des citoyens parmi lesquels on tire au sort les jurés que des individus ayant assez d'aisance pour pouvoir sans trop de préjudice quitter quelque temps leurs occupations. L'accusé peut récuser, c'est-à-dire refuser d'admettre comme juges ceux dont il croit devoir soupçonner l'impartialité.

Les devoirs du juré sont les mêmes que ceux du juge. Quand il prononce son verdict il ne doit s'inspirer que de sa conscience. Il doit se défendre de toute prévention contre l'accusé en arrivant à la Cour d'assises : tout accusé doit être considéré comme innocent jusqu'à preuves contraires. Aucun accusé ne doit être condamné que sur des preuves certaines. Mieux vaut en effet laisser échapper plusieurs coupables que de condamner un innocent.

Mais, ces réserves faites, le jury ne doit pas reculer devant la responsabilité qui lui incombe. Il trahirait sa mission, porterait atteinte à la justice et compromettrait les intérêts de la société, si par crainte ou par faiblesse il acquittait un coupable avéré.

On doit se défendre de tout sentiment d'aveugle vengeance, mais aussi on doit se prémunir contre une fausse humanité et une pitié mal entendue. Rendre à la liberté un criminel, c'est exposer à l'avenir d'innocentes victimes à tomber sous ses coups ou sous ceux de ses pareils encouragés par l'exemple de l'impunité. On voit le malheur et les larmes du coupable, on ne voit pas les souffrances et les larmes des innocents,

(1) Le défaut de comparution sans excuse valable et le refus de concourir à l'administration de la justice sont punis par la loi chez le juré, et aussi chez le *témoin* régulièrement cité.

certainement plus dignes d'intérêt, qu'une faiblesse
dangereuse met en péril. Le pouvoir de punir est un
pouvoir redoutable, mais il ne faut pas hésiter à l'appliquer quand il y a lieu. Pour mieux nous en convaincre, examinons quel est le fondement et quelles
sont les limites du droit qu'exerce la société en frappant
les coupables.

III. Fondement du droit de punir. — Les députés
et les sénateurs, en vertu des pouvoirs qui leur sont
conférés par la volonté nationale, font des lois pour
assurer le respect des droits de chacun et régler d'une
manière équitable les rapports des citoyens entre eux.
Ces lois interdisent les attentats contre les personnes,
contre la propriété, etc.; il est clair qu'elles doivent avoir une sanction, c'est-à-dire que celui qui fait
ce qu'elles défendent doit être puni; sans cela la loi
ne serait plus qu'un conseil, elle n'aurait aucune valeur, et les malfaiteurs n'en tiendraient pas compte.
Nombre de gens malhonnêtes d'intention ne le sont
pas en fait, et ne volent ni ne tuent, malgré le désir qu'ils
pourraient en avoir, parce qu'ils redoutent la prison et
les tribunaux. Celui qui, dans l'espoir d'échapper à la
police, commet un crime tombe, lorsqu'il est saisi, sous
l'application de la loi. Le juge qui le condamne l'empêche d'abord de recommencer pendant le temps qu'il
est en prison, et en second lieu intimide par son exemple ceux qui seraient tentés de l'imiter; il protège la
société menacée par les entreprises des malfaiteurs.
Son œuvre n'est pas moins juste qu'utile. Elle est juste
non pas seulement parce qu'elle est légale, conforme
au texte de la loi écrite, mais parce qu'elle est conforme
à la loi naturelle et d'accord avec les droits de la personne.

L'État a le droit de punir parce que les individus qui composent la société ont le droit de défendre leurs droits menacés et le devoir de se protéger mutuellement contre les attaques des malfaiteurs. Les citoyens exercent eux-mêmes le droit de légitime défense au moment où, malgré la surveillance exercée par les agents de la force publique, leur personne est attaquée. Mais nul n'a le droit de punir, nul ne peut se faire justice lui-même. C'est l'État qui est chargé de faire respecter les droits de chacun, et de faire observer les règles de la justice dans les relations sociales.

Il se fait médiateur entre l'offenseur et l'offensé, juge du délit, arbitre de la peine. Son intervention a pour effet : 1° De mettre la force au service du droit, qui sans cela serait le plus souvent opprimé par la force. L'offensé étant le plus faible la plupart du temps, ne pourrait sans cela exercer le droit de défense qu'il tient de la nature.

2° De protéger les innocents contre les accusations fausses et les soupçons injustes. L'État dispose de moyens d'information que n'a pas l'individu, et les formes du procès ont pour résultat de rendre les erreurs judiciaires très rares.

3° De protéger le coupable lui-même contre les violences excessives que pourrait exercer sur lui l'offensé sous le coup du ressentiment et dans l'emportement de la vengeance.

Il ne, faut pas se tromper sur le sens de ce mot : la *vindicte publique*, par lequel on désigne la poursuite d'un crime au nom de la société. La société ne se venge pas, elle n'en a pas plus le droit que l'individu. Le juge, calme et sans colère, prononce la peine par un sentiment de justice et non de vengeance.

On donne le nom de *loi de Lynch* à une coutume bar-

bare condamnée par les lois régulières, mais pratiquée
encore quelquefois aux États-Unis : la foule ou un
groupe de particuliers se saisit d'un individu accusé
d'un crime par la clameur publique et le met à mort.
Chez nous, on voit parfois la foule s'ameuter autour
d'un accusé qu'on mène en prison et dans le premier
mouvement d'indignation proférer contre lui des menaces de mort. La police maintient la foule, heureusement; car la passion est mauvaise conseillère : bien
des victimes de la calomnie tomberaient sous le coup
de cette justice sommaire; et alors même qu'elle attein-
drait le coupable, elle risquerait le plus souvent d'être
injuste encore, car elle dépasserait les limites d'un châtiment légitime.

Limites du droit de punir. — Le droit de punir
par cela même qu'il repose non sur le sentiment de la
vengeance et sur le désir d'exercer des représailles
envers le coupable, mais sur la nécessité de défendre
le droit des personnes, a des limites que la loi pénale
s'applique à respecter. Tout châtiment qui ne servirait pas à la protection des droits serait injuste. Il en
résulte : 1° que toutes les infractions à la loi morale
ne tombent pas sous le coup des tribunaux; 2° que les
tortures, les supplices atroces encore usités au siècle
dernier ont disparu justement de notre code.

La loi écrite est bien loin d'interdire tous les actes
que la conscience réprouve; elle atteint seulement les
attentats contre le droit et ne punit que la violation
des devoirs de justice. La loi morale condamne l'intempérance; le code ne punit pas l'ivrogne si ce n'est
dans le cas où il trouble l'ordre sur la voie publique;
la loi morale ordonne de faire la charité, mais personne ne peut être poursuivi pour avoir refusé ses
secours à un malheureux. La mission de l'État n'est

pas de faire régner la vertu dans la société, mais de faire respecter la vie, la propriété, l'honneur de ses membres.

Au siècle dernier les tortures les plus cruelles, les supplices les plus révoltants étaient encore infligés non seulement aux condamnés mais même aux accusés pour les contraindre à avouer un crime qu'ils n'avaient peut-être pas commis. On a pu dire que les anciens législateurs « jouaient au plus méchant et au plus féroce avec les malfaiteurs. »

Pour l'honneur de l'humanité, toutes les peines qui avaient pour but de prolonger l'agonie du coupable et d'augmenter ses souffrances ont disparu du code chez les peuples civilisés.

LA PEINE DE MORT. — On discute même aujourd'hui la question de savoir si la peine de mort est légitime et si la société a le droit de retrancher un homme du nombre des vivants. — S'il est démontré que la crainte de la mort est seule capable d'empêcher certains criminels de commettre un meurtre, il est juste évidemment que le coupable meure plutôt que l'innocent. La peine de mort est légitime si elle est nécessaire.

On a objecté que la vie humaine est inviolable. — Mais la liberté aussi ! l'emprisonnement ne serait donc pas plus légitime que l'échafaud ? La société comme les individus a le droit de se défendre même en tuant celui qui l'attaque si elle n'a pas d'autres moyens de se préserver. Le jour où il sera reconnu qu'on peut supprimer la peine de mort sans danger il faudra le faire : on peut souhaiter que ce temps arrive bientôt, car toute peine inutile est mauvaise ; mais il faut se garder d'une fausse philanthropie qui n'épargnerait la vie de quelques coupables que pour multiplier le nombre des victimes.

Proportionnalité des délits et des peines. — Sous l'ancienne législation la peine de mort a été appliquée aux cas les plus divers, au vol domestique par exemple et au braconnage. C'était là un odieux abus. Même envers ceux qui violent ses lois, la société a encore des devoirs, devoirs de justice et devoirs de charité. La justice veut que le châtiment soit proportionné au degré de culpabilité de l'accusé. Un vol ne doit pas être puni comme un assassinat, un vol simple comme un vol avec effraction. D'autre part le jury admet souvent avec juste raison des circonstances atténuantes aux crimes dont il reconnaît un accusé coupable. Un homme qui tue dans l'emportement de la colère, ou qui vole, pressé par la faim, est moins criminel, assurément, que celui qui a assassiné de sang-froid et avec préméditation et qui a été conduit au crime par la paresse et la débauche; il est moins dangereux aussi pour la société, et il mérite d'être traité moins sévèrement.

La charité envers le coupable consiste à faire tourner, quand cela est possible, le châtiment à son amélioration, à favoriser les efforts qu'il fait pour se relever, à lui faciliter, au sortir de la prison, les moyens de gagner honorablement sa vie. Les criminels endurcis et réduits au désespoir sont les plus dangereux et l'accomplissement de ce devoir est conforme à l'intérêt social.(1)

(1) La loi Bérenger (1891) laisse aux tribunaux en cas de condamnation à la prison ou à l'amende la faculté d'ordonner qu'il sera *sursis* à l'exécution de la peine: si pendant cinq ans, à dater du jugement, le coupable n'encourt aucune peine nouvelle, la condamnation est effacée. Cette mesure est destinée à favoriser le retour au bien des individus qui à la suite d'une première faute, ont la volonté de vivre honnêtement. — La loi sur les *récidivistes* frappe au contraire de peines spéciales le malfaiteur d'habitude, conformément à ce vieil adage « la coutume en délit aggrave la péché. »

CHAPITRE XX

DEVOIRS DES NATIONS ENTRE ELLES. — LE DROIT DES GENS (1).

Les nations comparées à des personnes morales. — Le droit des gens
    naturel.
La guerre; guerre défensive; guerre d'intervention.
Le droit des gens positif pendant la guerre. — La Convention de
    Genève.
Le droit des gens positifs pendant la paix.

Après nous être rendu compte des devoirs réciproques de l'individu et de l'Etat, il y a lieu d'examiner les devoirs et les droits de chaque Etat pris dans son ensemble, c'est-à-dire de chaque nation.

LES NATIONS COMPARÉES A DES PERSONNES MORALES. — Les nations, en effet, peuvent-être considérées comme des individus, comme des personnes morales. Pas plus que les individus elles ne sont isolées, mais chacune vit et se développe au milieu des autres. On conçoit que la manière dont elles se traitent réciproquement n'est point indifférente; comme les personnes qui les composent, elles sont justes ou injustes, égoïstes ou généreuses.

Elles forment une société naturelle qui a ses lois naturelles dérivant de la loi morale comme les devoirs et les droits des individus; l'ensemble de ces lois constitue ce qu'on appelle le droit des gens, encore appelé droit international, *gens* signifiant ici nations. Mais tandis que, dans une société régulièrement organisée, il y a des lois formant le droit positif qui garantissent les droits inhérents aux personnes, et

(1) L'objet de ce chapitre n'appartient plus au programme de la quatrième année de l'enseignement secondaire moderne.

un pouvoir capable de les faire respecter, il n'y a
point de tribunaux ni d'autorité supérieure pour contraindre au respect du droit international les États qui
veulent l'enfreindre. Les différentes nations sont donc
à certains égards ; les unes par rapport aux autres,
comme les hommes dans l'état de nature. Pourtant un
certain nombre de ces devoirs que la conscience impose aux nations comme aux individus sont consacrés
par des coutumes ou inscrits dans des conventions et
des traités. Aussi peut-on distinguer un droit des gens
naturel et un droit des gens positif.

DROIT DES GENS NATUREL. — La morale impose aux
États comme aux individus le devoir de respecter
leurs semblables dans leur existence, dans leur liberté,
dans leurs possessions, dans leur honneur.

Le droit d'exister se confond, pour une nation, avec
le droit d'être libre ; asservir un peuple, c'est le
détruire en tant que nation. Il y a des exemples d'un
État supprimé par des voisins plus forts, c'est le
scandale de l'histoire ; la conscience s'indigne contre
cet abus de la violence. La conquête ne constitue pas
un droit pour le vainqueur, et la victoire n'anéantit
pas le droit du vaincu de s'appartenir à lui-même et
d'obéir à un pouvoir de son choix.

Le territoire d'une nation est inviolable comme son
existence et encore plus sacré qu'une propriété ordinaire ; car un individu peut subsister encore et vivre
libre quand on l'a dépouillé de ses biens, mais une
nation ne peut plus exister quand le sol de la patrie est
aux mains de l'étranger.

L'honneur d'une nation est étroitement uni aussi à
son indépendance. L'outrage est d'ordinaire une provocation préparant les autres attentats ; la calomnie,
le refus de tenir compte des réclamations légitimes.

sont les procédés qu'emploie un peuple plus fort ou qui se croit tel pour préparer l'agression directe.

LA GUERRE. — GUERRE DÉFENSIVE. — GUERRE D'INTERVENTION. — Le droit de légitime défense appartient aux nations comme aux individus. Mais tandis que l'individu n'est que rarement dans la nécessité d'exiger par lui-même au moyen de la force le respect de son droit et ne se fait pas justice lui-même, les États, dans l'absence d'une autorité supérieure capable de sanctionner le droit des gens, sont forcés de recourir aux armes pour résister aux tentatives criminelles de leurs voisins et obtenir les réparations qui leur sont dues. De là, la guerre qui est pour les nations non seulement un droit, mais un devoir.

A proprement parler, il n'y a de guerre légitime que la guerre défensive. Pourtant, on peut considérer aussi comme une guerre juste la guerre d'intervention qui a pour but d'empêcher un État faible, injustement attaqué, d'être opprimé ou écrasé par un voisin plus fort. Telle fut la guerre que soutinrent, en 1827, les grandes puissances de l'Europe contre l'empire ottoman pour la défense de la Grèce. Les nations ont, elles aussi, des devoirs de charité.

Pourtant la situation n'est pas exactement la même que pour les individus; car le danger de violer la justice pour exercer ce qu'on croit un devoir de charité est plus grand encore quand il s'agit des rapports des États entre eux. En outre, si c'est un devoir pour un homme de se dévouer et de sacrifier sa vie au besoin pour un autre, un gouvernement, qui a charge d'âmes, qui est responsable des destinées de la patrie, doit craindre d'aventurer dans une guerre généreuse, mais dont l'issue est incertaine, les graves intérêts qui lui sont confiés. Souvent enfin, des calculs d'ambition et des pensées de conquête se dissimulent sous les dehors d'une intervention désintéressée.

L'idéal serait que les nations fussent toujours prêtes à agir de concert pour faire respecter le droit des gens ; mais l'intérêt les pousse souvent à se mettre du côté du plus fort, l'envie à vouloir la ruine d'un peuple plus riche et plus glorieux, et l'égoïsme tout au moins les empêche de faire des sacrifices en faveur du bon droit.

D'ailleurs, le bon droit n'est pas toujours évident aux yeux de tous ; il en est des différends internationaux comme des procès entre particuliers : il y a des cas douteux où chacun croit de bonne foi avoir la justice pour lui. Dans ce cas, au lieu de recourir à la guerre, qui avec les moyens de destruction actuels est toujours désastreuse non seulement pour le vaincu, mais pour le vainqueur lui-même, les peuples, s'ils étaient sages, devraient soumettre l'objet de leur querelle à des arbitres, comme font les individus prudents qui veulent éviter les frais d'un procès. C'est ce qu'on a vu se produire, il y a quelques années, entre les États-Unis et l'Angleterre. Une guerre terrible fut évitée par la résolution que prirent ces deux nations de faire juger leur différend par un tribunal international qui les mit d'accord.

On ne peut espérer qu'il en soit toujours ainsi. Il y a des peuples ambitieux et injustes pour qui la guerre est une industrie, qui comptent sur la conquête pour accroître leur puissance et s'enrichir des dépouilles d'autrui ; le devoir de leurs voisins est de se tenir sur la défensive et de préparer la guerre pour assurer le respect de leurs droits et obtenir une paix honorable.

Le droit des gens positif pendant la guerre. — La convention de Genève. — Non seulement la guerre doit avoir un but légitime, mais elle doit être faite suivant certaines règles que la morale impose, et qui heureusement ont de plus en plus force de loi chez les nations civilisées. Longtemps la guerre fut le triomphe des passions cruelles et des instincts sanguinaires, se déchaînant dans toute leur brutalité sauvage sans frein et sans règles. Des populations entières étaient anéanties ; les enfants, les vieillards étaient massacrés, les hommes valides n'étaient épargnés que pour être vendus comme esclaves. La dévastation et l'incendie désolaient tout un territoire. Chez les Romains, les généraux ennemis trahis par la fortune étaient, comme Jugurtha ou Vercingétorix, le héros gaulois, traînés derrière le char de triomphe du vainqueur, en butte à tous les outrages, et enfin livrés au supplice.

Pourtant, déjà à cette époque on reconnaissait certaines règles souvent oubliées dans la pratique, mais au moins proclamées en principe : la guerre devait être déclarée solennellement avant d'être commencée en fait, la vie des ambassadeurs était inviolable, etc. ; de nos jours ces règles ont été considérablement étendues et sont mieux observées. Le droit des neutres est reconnu, c'est-à-dire que les belligérants respectent le territoire, les biens et les vaisseaux des peuples qui n'ont pas voulu se mêler à leur querelle ; on doit épargner dans la lutte toute personne désarmée, les femmes, les enfants, les vieillards ; le pillage est remplacé par des réquisitions régulières et par des contributions de guerre ; les prisonniers ont la vie sauve et sont rendus à la liberté à la fin des hostilités ; on relève les blessés sans distinction de nationalité et on les soigne également ; on s'interdit de tirer sur les ambulances, sur les médecins. Les conventions, comme la convention de Genève (1864), ont ainsi pour effet de rendre la guerre moins horrible, et, quoique souvent violées, elles constituent un immense progrès non seulement sur ce qui se faisait dans l'antiquité et au moyen âge, mais même il y a un siècle. Ainsi, l'humanité, jusque dans ses violences, reconnaît la nécessité de se soumettre à certaines lois que lui imposent à la fois et la morale et l'intérêt bien entendu.

DROIT DES GENS POSITIF PENDANT LA PAIX. — Pendant longtemps, l'état de guerre a été l'état permanent des nations, et le même mot désignait l'étranger et l'ennemi. C'était la lutte pour l'existence dans toute son horreur, et il semblait qu'une tribu ou qu'un peuple ne pût vivre qu'au détriment des autres. Aujourd'hui, la guerre est devenue l'exception, et les hommes comprennent, d'une part, qu'il y a encore des devoirs envers ceux de leurs semblables dont la frontière les sépare, d'autre part, que les peuples ont entre eux beaucoup d'intérêts communs. L'économie politique enseigne que la prospérité matérielle d'une nation est d'autant plus grande qu'elle a plus de relations commerciales avec les autres. Les rapports internationaux deviennent chaque jour plus faciles par le percement des tunnels et des isthmes, l'établissement des chemins de fer et des télégraphes. Il y a des conventions et des traités qui règlent ces rapports, et garantissent les droits des individus séjournant à l'étranger ou dont les intérêts y sont engagés (1). Aussi, les États se font-ils représenter les uns chez les autres par des agents diplomatiques, qui sont les ambassadeurs et les consuls. Les premiers ont pour

(1) Autrefois l'État s'emparait des biens que laissait un étranger en mourant; c'était le *droit d'aubaine*. Il a été supprimé en France depuis 1790.

principale mission d'entretenir les bons rapports entre les nations, ils négocient non seulement les traités d'alliance offensive et défensive, mais les traités de commerce qui fixent, par exemple, les droits de douane sur les marchandises à la sortie ou à l'entrée du pays, les conventions postales et monétaires, les conventions relatives à l'extradition des malfaiteurs qui autrefois restaient impunis, quand ils étaient parvenus à franchir la frontière. Les consuls établis dans les principales villes des pays étrangers sont particulièrement chargés des intérêts commerciaux et civils de leurs nationaux.

Non seulement la personne, mais la demeure de l'agent diplomatique est inviolable. Pour qu'il ait plus d'autorité et d'indépendance, sa maison, à laquelle est arboré le drapeau national, est considérée comme une portion du territoire de son pays, et ceux qui l'habitent ne sont pas soumis à la juridiction de l'État où elle se trouve.

Telles sont, en résumé, les principales dispositions du droit des gens positif; elles figurent parmi les conquêtes les plus bienfaisantes de la civilisation, et placent notre époque bien au-dessus non seulement de la barbarie primitive, mais même des siècles qui l'ont immédiatement précédée.

DEVOIRS INDIVIDUELS

CHAPITRE XXI

I. L'HOMME A DES DEVOIRS ENVERS LUI-MÊME. — OBJEC
TION. —Nous n'avons pas seulement des devoirs envers
les autres, nous avons aussi des devoirs envers nous-
mêmes. Cela demande une explication, car il y a
une apparente contradiction à dire qu'on est obligé
envers soi-même; on ne peut être à la fois son propre
débiteur et son propre créancier. Comment serait-on
injuste envers soi-même? Celui qui est victime d'une
injustice la subit malgré lui, mais nous consen-
tons au mal que nous pouvons nous faire et qui dès
lors ne saurait être une injustice. A qui me blâme, ne

puis-je répondre : « Je ne fais de tort qu'à moi-même? »
Il semble qu'envers moi tout me soit permis, et que
je sois libre d'agir à ma guise en ce qui ne concerne
que moi. La loi, enfin, ne punit pas les actes qui ne
peuvent nuire qu'à leur auteur.

Non, la loi ne les punit pas, mais la morale les condamne. Le but de la loi n'est pas d'imposer la vertu
aux citoyens, mais de défendre la société. Elle ne
punit pas non plus les infractions aux devoirs de charité, et pourtant on ne nie pas qu'il y ait de pareils
devoirs. Il y a aussi des devoirs individuels. Quand je
serais seul au monde, quand je serais isolé de mes
semblables, ma conduite pourrait être encore bonne
ou mauvaise et ma volonté ne serait pas sans loi.
Robinson dans son île avait encore des devoirs : il ne
lui eût pas été permis, par exemple, s'il en eût eu les
moyens, de s'enivrer du matin au soir.

Il y a en nous quelque chose que nous ne pouvons
pas à notre gré souiller et avilir, c'est le caractère
d'homme, c'est la personne morale avec ses attributs,
la raison et la liberté. Elle est inviolable chez les
autres, mais elle est sacrée aussi en nous-mêmes et
pour nous-mêmes.

Celui qui s'enivre obscurcit son intelligence, perd
sa liberté, il renonce à sa dignité d'homme, il se
ravale au rang de la brute ; et cela ne lui est pas permis. Noblesse oblige, sa dignité lui impose des devoirs ;
ce n'est pas à proprement parler envers lui-même en
tant qu'individu, mais envers la dignité humaine qu'il
est obligé.

La solidarité morale. Fausseté de cette maxime « je
ne fais de tort qu'à moi-même ». — Fût-il seul, les actes
de cette nature lui sont interdits ; et il n'aurait pas le
droit d'invoquer l'excuse « je ne fais de tort qu'à moi-

même ». Mais en fait il n'est jamais seul, Robinson est une exception ; et on ne peut pas ne faire de tort qu'à soi-même. Il y a entre tous les hommes une telle solidarité, qu'un individu ne peut se dégrader lui-même sans nuire aux autres. Celui qui a contracté des vices dans la vie privée se rend incapable de bien remplir ses devoirs envers ses semblables. Non seulement il leur fait tort du bien qu'il ne leur fait pas, mais sa conduite peut avoir pour eux les conséquences les plus pernicieuses. D'abord le vice, cette maladie de l'âme, est contagieux comme le sont les maladies du corps. Les mauvais exemples provoquent les mauvaises actions. Mais le vice produit la maladie du corps elle-même et celle-ci se transmet avec le sang. Celui qui par son intempérance a ruiné sa santé, transmet à ses enfants le germe de maladies terribles. Les enfants de l'ivrogne, pour reprendre le même exemple, sont souvent épileptiques ou fous.

La morale individuelle est donc entièrement liée aux autres parties de la morale, et les obligations qu'elle nous impose sont d'abord et directement des devoirs envers nous-mêmes et indirectement des devoirs envers nos semblables.

DIVISION DES DEVOIRS INDIVIDUELS. — La division des devoirs envers nous-mêmes se déduit naturellement de notre nature et est analogue à la division des devoirs que nous avons envers la personne d'autrui.

L'homme est un tout naturel composé d'une âme et d'un corps ; on peut distinguer les devoirs qui ont l'âme et les devoirs qui ont le corps pour objet. Les devoirs envers l'âme se subdiviseront eux-mêmes en devoirs concernant la sensibilité, devoirs concernant l'intelligence, devoirs concernant la volonté, puisque l'âme est à la fois sensible, intelligente et libre.

La loi morale interdit certains actes et en prescrit d'autres ; d'où la distinction des devoirs négatifs et des devoirs positifs, qui s'appellent devoirs de justice et devoirs de charité quand ils ont la personne d'autrui pour objet. Cette distinction est moins importante dans la morale individuelle que dans la morale sociale, mais elle est utile encore. On peut considérer tour à tour les vices à éviter ou les vertus à acquérir.

II. Devoirs relatifs au corps. — Devoir de conservation personnelle. — A proprement parler, nous n'avons pas de devoirs *envers* le corps ; car le corps par lui seul n'a pas de valeur. Qui voudrait vivre d'une vie végétative comme certains idiots, privé de sentiment et de pensée? Ce qui fait la valeur du corps, c'est qu'il est uni à l'âme ; mais il lui est uni de telle sorte que les désordres de la vie organique troublent les fonctions de la vie psychologique (1), et que, comme on l'a dit, l'âme pour être saine doit être logée dans un corps sain.

Donc, par cela même que nous avons des devoirs *envers* l'âme, nous avons des devoirs *relatifs* au corps. Un bon ouvrier doit tenir ses outils en bon état ; ainsi doit faire l'homme à l'égard du corps, qui est son premier outil pour accomplir son métier d'homme. D'abord il ne doit pas le détruire, ni rien faire de ce qui pourrait le rendre impropre à son usage. Le premier devoir, celui qui est la condition de tous les autres, est le devoir de conservation personnelle.

L'Instinct de conservation. — Le Suicide. — La nature a mis en nous l'instinct de conservation, l'amour de la vie et l'horreur de la mort. Cet instinct

____

(1) Vie psychologique, vie de l'âme, du grec *psyché*.

est très puissant; pourtant tout le monde ne dit pas avec La Fontaine :

Qu'on me rende impotent
Cul-de-jatte, goutteux, manchot, pourvu qu'en somme
Je vive, c'est assez, je suis plus que content.

Il y a des malheureux qui, aux prises avec les misères de l'existence, se donnent la mort dans un accès de désespoir. Il est donc nécessaire de montrer à ceux que ne retient pas l'horreur de la mort qu'ils ont le devoir de vivre et que le suicide est un crime.

A l'époque où on ne connaissait pas les véritables limites du droit de punir, le suicide en France était puni par la loi : le cadavre du malheureux était traîné dans les rues sur une claie et ses biens confisqués. Peine injuste et absurde qui n'atteignait pas le coupable mais ses parents. Aujourd'hui le suicide ne relève que de la conscience, il n'en est pas moins profondément immoral et dans ses mobiles et dans ses conséquences.

IMMORALITÉ DU SUICIDE. — LES MOBILES, LES CONSÉQUENCES. — Celui qui attente à ses jours s'appuie sur ce principe faux que le plaisir est le but de la vie; il a rencontré la douleur là où il espérait le plaisir, et il se tue pour mettre un terme à ses maux. Mais le but de la vie est le bien et l'accomplissement du devoir, et en la rejetant on rejette du même coup toutes les obligations qu'elle impose ; on ressemble au soldat qui déserte son poste. Le suicide est évidemment contraire à la destinée de l'homme, car il n'est pas possible qu'un être ait été fait pour se détruire.

Si l'on exclut les fous, qui entrent d'après la statistique pour un tiers environ dans le nombre des suicides, les uns se tuent parce qu'ils sont réduits· à la misère, ou parce qu'ils sont en proie à des infirmités cruelles : leur devoir serait de lutter jusqu'au bout et il y aurait à cela plus de courage qu'à se donner la mort; les autres veulent éviter le déshonneur qui les menace, tel le joueur qui ne peut payer sa dette, tel le commerçant qui se trouve en présence de la faillite. Leur devoir serait de vivre pour réparer leur faute ou leur imprudence; la mort ne répare rien, au contraire, elle aggrave le mal, tandis que le travail pourrait les réhabiliter.

Personne moins que l'homme qui se donne la mort n'a le droit de dire: «je ne fais de tort qu'à moi-même.» Le suicide est contagieux, cela est prouvé de la manière la plus certaine; cet acte affreux agit vivement sur l'imagination des esprits faibles, qui se laissent aller à l'imiter comme en proie à un véritable vertige (1).

D'autre part, un homme qui se tue prive la société des services qu'elle est en droit d'attendre de lui. Il y a des cas où il abandonne sa famille à la misère. Toujours enfin il l'expose à un certain déshonneur. On peut dire que dans ce cas l'opinion est injuste à l'égard des parents du coupable, mais il y a là un fait dont il faut tenir compte.

A tous points de vue donc le suicide est condamnable: l'homme le plus misérable a toujours quelque bien à faire en ce monde, et il doit y rester pour le faire.

LE DEVOIR DE CONSERVATION EST SUBORDONNÉ AUX

(1) « Sous l'Empire, dit un savant médecin dans un ouvrage sur le suicide, un soldat se tue dans une guérite ; plusieurs font élection de la même guérite pour se tuer.... Sous le gouverneur Serrurier, un invalide se pend à une porte; dans l'espace d'une quinzaine de jours, douze invalides se pendent à la même porte. » On sait du reste qu'il y a souvent de véritables *séries* de suicides accomplis dans les mêmes circonstances.

DEVOIRS SUPÉRIEURS. — Il ne faut pas confondre le suicide avec la mort volontairement subie pour le devoir, pour la patrie, pour la liberté. D'Assas s'offre à une mort certaine pour sauver l'armée, c'est un héros. Le sacrifice de la vie est non seulement permis, mais ordonné dans de pareils cas. Le devoir de conservation personnelle est un devoir subordonné à l'accomplissement de devoirs supérieurs. La vie est sacrée parce qu'elle rend possible la vertu. Sacrifier le devoir à la vie, serait sacrifier ce qui fait le prix de la vie, ce qui est la raison même de notre existence.

LES MUTILATIONS VOLONTAIRES. — Le devoir de conservation interdit les mutilations volontaires, celles par exemple que se font certains jeunes gens pour échapper au service militaire, comme il interdit le suicide. La mutilation volontaire est un suicide partiel. C'est un acte particulièrement lâche, aussi contraire aux devoirs civiques qu'aux devoirs individuels.

L'HYGIÈNE, LES EXERCICES PHYSIQUES. — Les actes de ce genre sont relativement rares, et pourtant on a pu dire avec assez de raison « l'homme ne meurt pas, il se tue ». Cela signifie que l'homme compromet sa santé et abrège ses jours par son imprudence ou par ses excès. A ce point de vue, l'intempérance, qui est condamnable en elle-même, est par ses conséquences un véritable *péché physique.*

Non seulement on doit s'abstenir de tout ce qui compromet l'existence et la santé, mais il faut faire ce qui est nécessaire pour assurer le développement régulier de l'organisme et l'entretenir en bon état. Ce n'est pas seulement un acte de prudence, c'est un devoir d'obéir aux prescriptions de l'hygiène ; c'est un devoir aussi de se livrer aux exercices physiques de toute nature qui augmentent les forces du corps. L'hygiène

recommande avant tout la propreté et la sobriété.
Tous les médecins sont unanimes à proclamer que les
défauts contraires, si contraires à la dignité humaine,
sont cause de nombreuses maladies. Les programmes
d'éducation imposent aujourd'hui aux élèves les exercices de gymnastique. Loin de les mépriser comme
indignes de lui, l'écolier et même plus tard le jeune
homme doivent s'y livrer avec ardeur. La gymnastique
ne développe pas seulement la vigueur physique, elle
développe en même temps la force morale, le sang-
froid et le courage. Les anciens la tenaient avec raison en grand honneur, ils fréquentaient les gymnases
pendant toute leur vie, et c'est ainsi que Rome et
la Grèce eurent des citoyens robustes admirablement
formés pour la défense de la patrie.

CHAPITRE XXII

DEVOIRS ENVERS L'AME. — LA TEMPÉRANCE. — DEVOIR DE CULTIVER LA SENSIBILITÉ

Le respect de soi-même.
I.   Devoirs concernant la sensibilité.
     La tempérance. — Définition. — Sens large. — Sens restreint. —
         Dangers de la sensualité. — Tyrannie de l'habitude.
     La sobriété. — Portrait de Cliton dans La Bruyère.
II. La tempérance dans l'usage des biens extérieurs ; l'avarice. —
         La prodigalité. — L'économie. — Le mauvais luxe et le luxe
         permis. — Passion du jeu.
III. Devoir de cultiver et de développer la sensibilité.

LE RESPECT DE SOI-MÊME. — Nous devons respecter la
personne humaine en nous-mêmes comme dans autrui ;
aussi la division des devoirs envers nous-mêmes est-
elle analogue à la division des devoirs envers autrui.

D'abord, il faut s'abstenir de tout acte contraire à la dignité humaine, ne rien faire qui nous dégrade et qui nous avilisse; ensuite il faut nous élever et nous perfectionner le plus possible.

Le respect de soi-même prend autant de formes qu'il y a de facultés de l'âme, et on lui donne différents noms, suivant qu'il concerne la sensibilité, l'intelligence ou la volonté : il s'appelle la tempérance, la prudence, le courage. Ce sont les trois vertus principales ou cardinales de la vie individuelle; la quatrième vertu cardinale est la justice, qui est la vertu par excellence de la vie sociale, à condition qu'on y fasse rentrer, comme le faisaient les anciens, la bienfaisance,

I. Devoirs concernant la sensibilité. — La sensibilité comprend les appétits et les penchants relatifs à la vie physique, et les penchants de la vie morale ou inclinations; d'un côté, par exemple, la faim et la soif, de l'autre, l'amour de la science ou l'amour de la liberté. Le plaisir résulte d'un penchant satisfait, la douleur d'un penchant contrarié; c'est pourquoi on dit que la sensibilité est le pouvoir d'éprouver le plaisir et la douleur.

Le penchant prend le nom de passion lorsqu'il est très fort, excessif, ou qu'il nous entraîne vers un but contraire à notre nature. C'est à nous de contenir par la volonté nos penchants dans de justes bornes, de les régler, de les modérer, de les tempérer. Ce devoir s'appelle le devoir de tempérance ou de modération.

La tempérance. — Définition. — Sens large. — Sens restreint. — Mais le mot tempérance a différents sens qu'il faut distinguer. Au sens le plus général, au sens étymologique, qui est celui où le prenaient les anciens, la tempérance est la vertu qui consiste dans la modération et le juste équilibre des penchants. Dans un sens plus restreint, qui est celui qu'on lui donne dans le langage ordinaire, la tempérance consiste dans la modération des appétits; l'intempérance est l'abus des plaisirs des sens, on l'appelle encore la sensualité. Les appétits sont communs à l'homme et à la bête, l'homme seul connaît les plaisirs élevés de la pensée et du cœur; celui qui consacre sa vie à la recherche exclusive des plaisirs des sens vit comme une brute au lieu de vivre comme un homme, il *s'abrutit* littéralement suivant une expression triviale mais exacte.

DANGERS DE LA SENSUALITÉ. — TYRANNIE DE L'HABITUDE. — Son intelligence s'affaiblit par les excès de tous genres, il ruine à la fois son corps et son esprit et il devient peu à peu l'esclave de ses passions; il n'a pour ainsi dire plus de volonté. Une première fois, c'est librement qu'on cède à un désir honteux, puis peu à peu naît l'habitude; quand l'habitude est formée elle commande tyranniquement, il devient presque impossible de lui résister. L'habitude, en effet, augmente le désir, qui devient à la longue un besoin pressant; ce besoin se fait sentir par une douleur de plus en plus vive; le plaisir au contraire qu'on éprouve à le satisfaire devient de plus en plus faible. On cherchait le plaisir et c'est en définitive la douleur que l'on trouve dans le vice.

L'animal, guidé par l'instinct, ne dépasse pas certaines limites dans la satisfaction de ses appétits; l'homme doit se faire à lui-même sa règle, sans quoi il descend même au-dessous de la brute; mais cette règle, il doit se l'imposer de bonne heure et s'efforcer, dès qu'il a l'âge de raison, de contracter de bonnes habitudes; plus tard il risquerait de ne plus pouvoir soulever la chaîne qu'il se serait forgée à lui-même.

LA SOBRIÉTÉ. — PORTRAIT DE CLITON DANS LA BRUYÈRE.
— Une des formes les plus honteuses de l'intempérance est l'ivrognerie. Il est facile de voir que les observations qui précédent se vérifient sur cet exemple. Quand cette funeste passion s'est emparée d'un homme il ne conserve presque plus rien d'humain, il a perdu peu à peu tout sentiment de la dignité personnelle, tout sentiment du devoir ; le désir ignoble et stupide l'a envahi tout entier. L'ivrognerie aboutit presque fatalement à la folie et à une mort prématurée. Les asiles d'aliénés sont peuplés d'alcooliques (l'alcoolisme est le nom qu'on donne à la maladie physique et mentale engendrée par cette passion) ; et la statistique a établi aux États-Unis et en Allemagne que dans chacun de ces deux pays trente ou quarante mille individus meurent tous les ans victimes de leur passion pour les liqueurs fortes.

La gourmandise ou la gloutonnerie est un peu moins dangereuse et moins répandue que la sensualité ; mais elle est indigne aussi d'un homme qui se respecte. Pour peu qu'on ait l'âme un peu bien située on ne voudrait pas ressembler à ce personnage dont La Bruyère commence ainsi le portrait : « Cliton n'a jamais eu toute sa vie que deux affaires, qui est de dîner le matin et de souper le soir ; il ne semble né que pour la digestion. »

La gourmandise et en général la sensualité commencent quand on prend pour but le plaisir qui accompagne la satisfaction d'un besoin et qu'on le prolonge au delà de ce qui est nécessaire La tempérance dans l'usage des aliments s'appelle la sobriété.

II. LA TEMPÉRANCE DANS L'USAGE DES BIENS EXTÉRIEURS ; L'AVARICE. — Pour satisfaire ses appétits et ses penchants, l'homme a besoin de mille choses, aliments, vêtements, maison, meubles, etc., qu'on appelle des biens parce qu'ils sont nécessaires ou utiles à la vie. La monnaie, l'argent, qui est un moyen de se procurer tout cela et qui peut s'échanger contre toute espèce de marchandises, est désirable aussi pour cette raison et est un bien. La nature, qui a donné même à certains animaux l'instinct de possession, a mis dans nos cœurs l'amour de la propriété. Nous sommes portés à nous approprier, à nous assurer la possession exclusive de ces biens extérieurs, qui sont la garantie de notre existence et la source de mille jouissances. Rien de plus légitime que cette inclination, et nous avons vu que la propriété est un droit sacré. Mais comme toutes les inclinations elle peut prendre en nous un développement excessif et une direction contraire à la nature, elle peut dégénérer en passion mauvaise. De là une forme nouvelle de l'intempérance, qu'on appelle l'avarice.

L'avarice est un vice honteux, contraire à la fois à la morale sociale et à la morale individuelle. L'avare a un amour immodéré du gain, qui le pousse souvent à se le procurer par des moyens illicites ; la préoccupation constante d'accroître sa richesse l'empêche d'accomplir ses différents devoirs. Harpagon dans la pièce de Molière est un usurier et un mauvais père. En même temps sa conduite est absolument contraire à la dignité humaine et elle le rend à la fois odieux et ridicule. L'avare s'est réduit lui-même en servitude, il est l'esclave des richesses qu'il croit posséder. Il n'y a pas d'affront qu'il n'endure pour se procurer quelque gain ou éviter quelque dépense.(1). L'avarice est particulièrement laide chez le jeune homme, car l'égoïsme étroit

---

(1) « L'argent est un bon serviteur et un méchant maître. »

et mesquin contraste avec les sentiments généreux de
la jeunesse.

La prodigalité. — Mais c'est plutôt du défaut
opposé que les jeunes gens doivent se défendre. La
prodigalité est un défaut qui en accompagne d'autres ;
on est prodigue par amour immodéré des plaisirs et
par vanité. Mais par elle-même déjà elle est répréhensible, elle entraîne l'oubli de la dignité personnelle
et même de la justice. La plupart des dissipateurs quand
ils sont au bout de leurs ressources ne renoncent pas à
leur goût de dépenses, et pour y pourvoir ils font des
dettes ; ils n'ont pas honte d'emprunter sur leur patrimoine futur et de donner comme garantie ce qu'ils
appellent dans un langage odieux *leurs espérances*, c'est-
à-dire l'espérance de la mort de leurs parents! Ils ne
déploient pas alors moins d'astuce que l'avare pour se
procurer de l'argent. Comme lui, ils s'exposent à toutes les humiliations, à tous les affronts. « Celui qui va
faire un emprunt, dit Franklin, va chercher une humi-
liation. Il est difficile, ajoute-t-il, qu'un sac vide se
tienne debout, » montrant par là combien il est contraire à la dignité personnelle de se réduire volontairement à la gêne par de folles dépenses.

L'économie. — Le bon usage des richesses consiste
dans un milieu entre deux excès contraires, l'avarice
et la prodigalité. Il consiste dans une économie bien
comprise et dictée par une sage prévoyance. L'économie et l'épargne ne sont pas seulement conseillées par
l'intérêt, mais ordonnées par le devoir. L'économie est
une vertu véritable, une vertu du genre de la tempérance ; elle exige un grand empire sur soi-même ; et il
est très méritoire de savoir se priver des dépenses
superflues. « Économie est mère de libéralité. »

Le mauvais luxe et le luxe permis. — On a dit, et

avec raison en un sens, que le superflu est une chose très nécessaire. On entend par là qu'au delà des objets absolument indispensables à la conservation de l'existence, l'homme a besoin encore de certains biens qui font le charme de la vie. La morale ne les interdit pas, mais elle exige deux conditions : la première, c'est que les dépenses qu'occasionne l'acquisition du superflu ne soient pas en disproportion avec les ressources de l'individu ; il ne faut pas pour se procurer certaines jouissances, même permises, s'exposer ou exposer sa famille à manquer du nécessaire ; c'est une question de mesure, et la mesure varie avec la situation de chacun; la seconde condition est que les plaisirs qu'on achète ainsi soient compatibles avec la dignité de l'homme et avec ses devoirs. Il y a un bon et un mauvais luxe.

Le luxe peut avoir pour cause la sensualité, la vanité ou la satisfaction d'aspirations nobles et élevées. La morale ne défend pas les repas d'amis, qui, suivant un philosophe fort grave pourtant, « outre l'agrément physique qu'ils procurent ont quelque chose qui tient à une fin morale, à savoir de retenir ensemble un certain nombre d'hommes et d'établir entre eux une longue communication; » mais elle condamne ces raffinements de gourmandise dont les Romains de la décadence ont laissé des exemples fameux et qui font qu'un Lucullus ou un Apicius dépensait dans un festin des sommes suffisantes pour la subsistance de toute une famille pendant de longs mois.

Le luxe par vanité, les dépenses fastueuses ne sont guère moins répréhensibles. Il n'y a peut-être pas de cause de ruine plus active. On veut paraître plus qu'on n'est, éblouir les autres de son train. et on sacrifie parfois le nécessaire au superflu.

Tout bourgeois veut bâtir comme les grands seigneurs,

Vous vous rappelez la fable de La Fontaine (1).

Il y a, au contraire, un luxe de bon aloi qui n'a pas pour but l'ostentation, mais qui vient d'un amour sincère pour les belles choses : c'est un noble usage à faire de sa fortune que d'en consacrer une partie à se procurer des livres, des tableaux, des œuvres d'art ; à voyager pour s'instruire et admirer les chefs-d'œuvre de la nature et de l'homme. Il n'est pas nécessaire d'être riche pour donner, dans quelque mesure, satisfaction à ces goûts élevés ; même dans une condition modeste il y a place pour un certain luxe artistique qui embellit l'existence et offre à l'homme des jouissances dignes de lui. Entre le beau et le bien, il y a un étroit rapport, et tout ce qui élève l'esprit est profitable à la moralité.

LA PASSION DU JEU. — Parmi les passions qui naissent de l'usage des biens extérieurs et contre lesquelles l'homme a à se prémunir pour garder cet équilibre moral qui est la santé de l'âme, se trouve la passion du jeu. Les hommes comme les enfants ont besoin de divertissements pour se délasser de leurs travaux, et comme eux ils ont inventé des jeux. Parmi ces jeux se trouvent les jeux de hasard, qui sont innocents dans de certaines limites et quand on y risque peu de chose, mais dont l'abus est près de l'usage. L'amour du jeu, du jeu où l'on joue de l'argent, devient rapidement une passion violente et dégradante chez les âmes faibles. Le joueur, comme l'avare, a un amour immodéré du gain, mais il est à la fois cupide et prodigue ; ce qu'il cherche avant tout ce sont les émotions violentes que lui donne le jeu ; il y trouve une sorte d'ivresse qui

(1) *Livre I, 3.*

n'est pas moins funeste que l'ivresse proprement dite, car il court risque d'y laisser son honneur et sa raison

> Souvent quoique l'esprit, quoique le cœur soit bon
> On commence par être dupe,
> On finit par être fripon.

Que de joueurs ont causé la ruine et le désespoir de leur famille! combien en a-t-on vus, désespérés eux-mêmes et à bout de ressources, recourir au suicide ou au crime !

III. DEVOIR DE CULTIVER ET DE DÉVELOPPER LA SENSIBILITÉ. — Ce n'est pas tout de s'abstenir des passions contraires au respect de soi-même et de pratiquer la tempérance, l'homme doit aussi développer en lui les sentiments nobles et généreux. Il ne faut pas seulement empêcher la sensibilité de se dégrader, il faut la perfectionner. C'est un devoir et une vertu d'avoir un cœur généreux, ouvert à toutes les nobles émotions, capable d'enthousiasme, non seulement parce que c'est la condition des vertus sociales, mais parce que l'homme qui a un bon cœur, un grand cœur, est plus vraiment homme, est plus parfait que celui qui, tout en étant exempt de passions honteuses, reste froid et impassible devant ce qui mérite l'amour ou l'admiration.

La nature a mis en nous le désir de surpasser les autres et de rivaliser de mérite avec eux, c'est l'émulation (1). Un écolier sans amour-propre, sans émulation pourra éviter les punitions, mais ne méritera pas les récompenses. Dans la vie comme à l'école, il faut être sensible au blâme et à la louange (je ne dis pas à la flatterie), il faut vouloir conquérir l'estime des

1) « L'émulation, dit La Bruyère, est un sentiment volontaire, courageux, sincère, qui rend l'âme féconde, qui la fait profiter des grands exemples, et la porte souvent au-dessus de ce qu'elle admire. »

autres. L'histoire est là pour nous dire, que de grandes choses a inspirées l'amour de la gloire !

Il faut aimer l'honneur, la liberté, l'indépendance ! il faut aimer sa famille et son pays, éprouver la pitié pour le malheur et l'indignation pour le crime. Il faut aimer le beau et se passionner pour la vertu et pour la justice, il faut aimer l'idéal, il faut aimer Dieu, — haut les cœurs !

CHAPITRE XXIII

DEVOIRS CONCERNANT L'INTELLIGENCE.

I. La prudence. — Définition, sens large et sens restreint. — La science, la curiosité, l'instruction, la lecture.
Influence de la culture littéraire et scientifique sur le perfectionnement moral.
La prudence proprement dite. — Devoir de cultiver le jugement.
II. Respect de la vérité. — La sincérité envers soi-même.
« Connais-toi toi-même. » — L'examen de conscience.
Exemple de Franklin.

I. LA PRUDENCE. — Le mot prudence, comme le mot tempérance, a un sens large et un sens précis. Au sens large la prudence est la vertu de l'intelligence, comme la tempérance est la vertu de la sensibilité ; on l'appelle encore la sagesse. C'est à la fois la connaissance de la vérité et l'art de discerner ce qui est utile ou nuisible. A ce double point de vue, la prudence est réellement une qualité morale que nous devons nous efforcer d'acquérir. Dans le langage ordinaire le mot prudence n'est employé que dans le second sens. On dit d'un homme qui a le mérite de savoir beaucoup qu'il a de la science ou de l'instruction. Pour prévoir il faut savoir ; la prudence véritable, qui implique la prévoyance, ne va donc pas sans un certain savoir. Il y a un rapport étroit entre la vertu pratique de l'intelligence et la science.

La science considérée en elle-même est une vertu contemplative ou spéculative (1), c'est-à-dire qu'elle consiste dans la contemplation de la vérité. Savoir pour savoir est un bien, savoir pour agir en est un autre. Il faut les distinguer.

LA SCIENCE, LA CURIOSITÉ, L'INSTRUCTION, LA LECTURE. —Notre esprit a besoin d'être nourri comme le corps, son aliment est la vérité ; il ne se développe qu'autant qu'il apprend, et s'il ne trouve pas une nourriture suffisante, si l'instruction lui fait défaut, il reste sans forces, s'étiole et dépérit.

L'ignorance est le suicide de l'intelligence. La nature a mis en nous l'instinct de curiosité, comme elle y a mis l'instinct de conservation. Aussi voyez comme le petit enfant retourne, examine les objets qui l'entourent, brisant au besoin son jouet pour voir ce qu'il y a dedans ; voyez comme il interroge ses parents et tous ceux qui l'approchent. Il veut savoir, savoir sans penser à l'utilité qu'il tirera de ses connaissances ; et nous-mêmes dans la vie, que de fois nous regardons, nous écoutons uniquement pour voir et pour entendre, sans utilité proprement dite, pour satisfaire notre curiosité. Mais la curiosité veut être réglée ; il y a une bonne et une mauvaise curiosité : la curiosité s'appelle l'indiscrétion et est une faute sociale quand elle nous porte à nous mêler, comme on dit, de ce qui ne nous

(1) Spéculatif a le même sens que contemplatif. Spéculer signifie méditer, faire des théories : d'où spéculatif ; et faire des calculs pratiques de banque, de commerce d'où spéculateur.

regarde pas et à dérober à autrui ses secrets ; la curiosité proprement dite porte sur des choses petites, sur
des détails insignifiants, c'est la curiosité des badauds
et des sots (1). La curiosité, au contraire, est légitime
et bonne quand elle consiste dans l'amour de la vérité
ou plus simplement dans le désir de s'instruire.

« L'homme n'est qu'un roseau, le plus faible de la
nature, a dit Pascal, mais c'est un roseau pensant. »
Et il ajoute : « Toute notre dignité consiste dans la pensée... ; travaillons donc à bien penser. » Sans doute il
n'est pas donné à tout homme de devenir savant,
la plupart n'ont pas les capacités ni les ressources
nécessaires ; mais il n'y a personne aujourd'hui qui
ne puisse éviter d'être un ignorant. Pour cela, il faut
de bonne heure, étant écolier, écouter avec attention
les leçons du maître, et plus tard il faut continuer à
s'instruire par soi-même en lisant, en assistant aux
cours ou conférences utiles qu'on fait un peu partout
aujourd'hui. « La lecture de tous les bons livres, a
dit un grand philosophe, Descartes, est comme une
conversation avec les plus honnêtes gens des siècles
passés qui en ont été les auteurs et même une conversation étudiée en laquelle ils ne nous découvrent que
les meilleures de leurs pensées. »

Les *bons livres*, ce ne sont pas seulement les ouvrages qui contiennent les vérités scientifiques proprement dites, mais aussi les œuvres littéraires qui parlent à l'homme de lui-même, de ses sentiments, de ses
passions, de ses devoirs. La vérité ne consiste pas
exclusivement dans la connaissance des choses extérieures, elle comprend aussi et surtout la connaissance
de nous-mêmes. Sous une forme moins sévère, les

____

(1) V. La Bruyère, chapitre de la Mode au début (p. 301 de l'édition Chassang.).

chefs-d'œuvre de nos grands poètes renferment des vérités aussi importantes que les livres d'algèbre, de physique ou de chimie. L'esprit se perfectionne par l'étude des grands écrivains, autant que par l'étude des sciences, et c'est pour cela qu'on donne une grande importance à la partie littéraire dans l'éducation.

INFLUENCE DE LA CULTURE LITTÉRAIRE ET SCIENTIFIQUE SUR LE PERFECTIONNEMENT MORAL. — Un homme instruit vaut mieux qu'un ignorant, non seulement parce que la science en elle-même est bonne, mais encore parce que celui qui est capable de goûter les plaisirs élevés de l'intelligence est moins exposé à céder aux passions mauvaises. La Bruyère dit avec raison qu'on reconnaît un chef-d'œuvre littéraire « à ce qu'il nous élève l'esprit et nous inspire des sentiments nobles et courageux ». Le vrai, le beau et le bien se tiennent ; et celui qui connaît l'ordre par la science, qui en admire la splendeur dans les chefs-d'œuvre de la littérature et de l'art, est plus porté à y conformer lui-même sa conduite ; il fuira le vice non seulement parce qu'il est mauvais, mais parce qu'il est laid.

LA PRUDENCE PROPREMENT DITE. — **DEVOIR DE CULTIVER LE JUGEMENT.** — Considérons à présent la vertu pratique de l'intelligence. Il ne suffit pas de développer son esprit par l'étude, il faut encore s'efforcer d'en faire un bon usage dans les diverses circonstances de la vie. Il faut s'appliquer à bien juger, à discerner le vrai du faux, en particulier lorsqu'il s'agit de notre intérêt ou de l'intérêt d'autrui.

Il y a des hommes qui ont appris beaucoup de choses, mais qui ne savent pas en tirer parti. Cela vient de ce qu'ils ont cultivé leur mémoire plus que leur jugement. Leurs connaissances sont comme ces aliments que l'estomac a mal digérés et que le corps ne peut s'assimiler, elles ne leur profitent pas. Quand il s'agit de donner leur avis ou de prendre un parti, ils sont à côté de la vérité et ils font fausse route. Travailler à bien penser ce n'est pas seulement remplir l'esprit, c'est le façonner ; pour cela il faut, s'exercer à penser par soi-même au lieu de répéter des opinions toutes faites qu'on ne comprend pas. Il faut, suivant le précepte de Descartes (1), « ne rien admettre pour vrai qu'on ne l'ait connu évidemment être tel ». Cela exige de la réflexion, des efforts, et on trouve souvent plus commode de suivre la routine et de s'abandonner aux préjugés. Quand on se trompe, la plupart du temps c'est qu'on l'a bien voulu, on est responsable de ses erreurs. Je ne parle pas ici du cas où l'on manque de sincérité vis-à-vis de soi-même ; mais on a été distrait, inattentif et on a pris une chose pour une autre, ou bien on s'est décidé avant de voir clair. Quand un écolier fait une faute dans un devoir, il dit : je me suis trompé, — je n'ai pas fait attention ; c'est une mauvaise excuse ; et quand cela lui arrive souvent, le maître le punit. Il en est ainsi dans la vie : la négligence de l'homme est cause d'une bonne partie de ses erreurs ; mais les conséquences sont souvent fort graves, et le maître qui le punit — l'expérience — est un maître impitoyable ; on paye bien cher les fautes commises par imprudence. On s'en prend aux autres, on s'en prend à la fortune, on devrait s'en prendre à soi-même. Chacun est à lui-même le principal ouvrier de sa destinée. Si on se met par sa faute dans une situation où on est incapable d'être utile aux autres, où même on leur devient à

____

(1) *Discours de la méthode* (1637)

13.

charge, non seulement on est malheureux mais on est coupable.

Il y a des cas où l'imprudence est particuliérement répréhensible, c'est quand le jugement est sain et que voyant le parti à prendre on se laisse aller par faiblesse à agir contrairement à son intérêt. L'imprudence alors est l'impuissance à résister aux tentations ; ce n'est plus un défaut de l'esprit, c'est un vice du cœur.

II. RESPECT DE LA VÉRITÉ. — Pour ce qui concerne l'intelligence, il n'y avait guère lieu de distinguer les devoirs négatifs et les devoirs positifs. Ne pas cultiver son intelligence c'est la dégrader ; le devoir d'éviter le mal, qui ici est l'ignorance et l'erreur, se confond avec celui de chercher la vérité, de s'instruire le mieux que l'on peut. Pourtant l'expression de la pensée par la parole donne naissance à un devoir strict, celui d'éviter le mensonge ; et à une vertu d'abstention, la véracité.

Le mensonge a déjà été condamné au nom de la morale sociale comme une faute à l'égard d'autrui ; il doit l'être aussi au nom de la morale individuelle. La parole a été donnée à l'homme pour exprimer sa pensée ; il est donc contraire à l'ordre et à la dignité humaine de penser d'une manière et de parler d'une autre, alors même qu'il semble n'en résulter pour autrui aucun dommage. On ne doit pas s'habituer à mentir par vanité ou par simple plaisanterie. Il arrive d'ailleurs qu'à force de répéter des choses fausses on les croit soi-même ; on ne discerne plus bien ce qui est vrai de ce qui sort de notre imagination, de même que l'on confond quelquefois le rêve avec les événements de la veille. L'ai-je fait ou l'ai-je rêvé ? dit-on ; on dirait aussi bien : l'ai-je vu ou l'ai-je inventé ?

LA SINCÉRITÉ ENVERS SOI-MÊME. — Non seulement il faut s'abstenir de tromper les autres, mais on doit aussi être sincère envers soi-même. Il arrive en effet qu'on se ment à soi-même avant de mentir à autrui. Au nombre des causes de l'erreur on compte avec raison les passions, l'intérêt, l'amour-propre, la haine... Elles nous portent à ne considérer les choses que par un certain côté, qui est celui qui nous agrée, et à nous faire illusion sur les motifs de nos actions. L'amour-propre nous aveugle sur nos défauts, et l'envie sur les qualités des autres. Nous cherchons de mauvais motifs aux bonnes actions d'autrui, et de bonnes raisons à nos mauvaises actions. Nous étouffons la voix de la conscience, en inventant des prétextes honorables pour une conduite honteuse.

Par exemple, l'homme qui manque aux devoirs de bienfaisance ne se dit pas à lui-même qu'il est un égoïste, il se dit qu'il se doit à sa famille, qu'il lui faut assurer l'avenir des siens avant de songer aux étrangers, et souvent par surcroît calomnie celui qui l'implore et déclare qu'il ne veut pas encourager le vice. Le lâche se paie de même de mauvaises raisons pour ne pas servir son pays, le malhonnête homme pour tromper, le paresseux pour ne rien faire.

« CONNAIS-TOI TOI-MÊME ».—L'EXAMEN DE CONSCIENCE.— EXEMPLE DE FRANKLIN. — La première condition de la vertu est de pratiquer le précepte de la sagesse antique : « Connais-toi toi-même. » Les vices sont des maladies de l'âme qu'on ne peut guérir qu'autant qu'on les connaît bien. C'est pourquoi tous les moralistes depuis Pythagore (1) sont unanimes à recommander l'examen de conscience. Le sage Franklin (2) avait même imaginé

(1) VIe siècle avant J.-C.
(2) 1706-1790.

de dresser une liste des vertus qu'il voulait acquérir, et chaque soir il marquait sur un petit livret les fautes de la journée.

Ainsi il jugeait de l'état de son âme et de ses progrès dans le bien. Pendant une semaine, il s'appliquait particulièrement à l'observation de telle ou telle vertu pour combattre plus efficacement chacun de ses défauts en les attaquant l'un après l'autre.

Sa méthode lui réussit admirablement, et sa vie peut être citée comme un modèle de vertu et de bonheur. Dans un petit écrit, composé quelques années avant sa mort, il attribue lui-même à *la tempérance* la santé dont il a si longtemps joui ; à *l'industrie* et à *la frugalité*, l'aisance qu'il a acquise d'assez bonne heure et la fortune dont elle a été suivie, comme aussi à connaissances qui l'ont mis en état d'être un citoyen utile ; à *la sincérité* et à *la justice*, la confiance de son pays et les emplois honorables dont il a été chargé...

Franklin comptait au nombre des vertus le silence et l'ordre. Ce sont, en effet, deux vertus ou qualités rentrant dans la prudence. Voici les règles qu'il en donne : « Ne parlez que de ce qui peut être utile à vous ou aux autres. » — « Que chaque chose ait sa place fixe : assignez à chacune de vos affaires une partie de votre temps. »

Cette partie essentiellement pratique de la morale, qui a pour but d'indiquer les moyens propres à corriger le caractère et à gouverner les passions a été appelée l'hygiène morale, l'éducation personnelle, et encore l'art de la vertu.(1).

(1) Il s'est formé de nos jours aux États-Unis des sociétés pour la *culture morale* dont un des principaux objets est de rechercher d'une manière rationnelle et d'enseigner les moyens de se perfectionner soi-même, « d'édifier la vie intérieure », suivant l'expression d'un de leurs conférenciers.

CHAPITRE XXIV

DEVOIRS CONCERNANT LA VOLONTÉ. — LE COURAGE. — LA DIGNITÉ PERSONNELLE. LE TRAVAIL.

I. Le courage. — Rapports du courage avec toutes les vertus.
   Les différentes formes de courage. — Le caractère. — La patience. — la fermeté, la constance.
   Le courage militaire et le courage civil. — La témérité. — La colère.
II. Devoir de cultiver et de développer la volonté.
   Rôle de l'habitude dans la vie morale.
   L'indépendance du caractère. — La servilité. — La fierté. — L'orgueil.
III. Nécessité du travail. — Son influence morale.
   Influence du travail sur le bonheur.
   Les préjugés à l'égard du travail.

I. LE COURAGE. — RAPPORTS DU COURAGE AVEC TOUTES LES VERTUS. — La vertu propre de la volonté est le courage, comme la prudence est la vertu de l'intelligence et la tempérance la vertu de la sensibilité. Le courage s'entend aussi dans un sens large et dans un sens restreint. Au sens large, c'est la force d'âme ou la grandeur d'âme ; au sens le plus usuel du mot, c'est la bravoure ou l'intrépidité.

Le courage est la condition de l'accomplissement de tous nos devoirs. Il faut du courage pour toujours respecter la justice, pour sacrifier notre intérêt à celui d'autrui ; il en faut pour dompter ses passions et rester tempérant, pour dire la vérité en toutes circonstances, comme il en faut pour servir sa patrie à l'heure du danger. Le courage fait le fond de toutes les vertus, et il y a de la lâcheté dans tous les vices. Aussi les Romains, bons juges en cette matière, désignaient-ils du même mot *virtus* la vertu et le courage.

LES DIFFÉRENTES FORMES DE COURAGE. — LE CARACTÈRE. — LA PATIENCE. — LA FERMETÉ. — LA CONSTANCE. — Pourtant le courage peut être distingué des vertus qu'il accompagne, et, considéré en lui-même, il est une vertu qui prend différentes formes et reçoit différents noms. Nous arrivons, par un effort soutenu de la volonté, à faire contracter à l'esprit et au cœur de bonnes habitudes; mais la volonté elle-même a ses qualités et ses défauts, ses bonnes et ses mauvaises habitudes. C'est un bel éloge à faire d'un homme que de dire qu'il a du caractère, c'est-à-dire de la volonté; et le manque de caractère, c'est-à-dire une volonté faible, est contraire à la dignité de la personne humaine. Rien de méprisable comme ces natures inertes et sans ressort qu'un rien abat, qui tournent au moindre vent et qui sont aux mains des autres hommes comme des instruments.

Le courage consiste non seulement à agir, mais à souffrir. La force d'âme, qui fait que l'on supporte vaillamment les épreuves de la vie, la maladie, la douleur, est la patience ou la résignation; on dit d'un homme au désespoir qu'il a perdu courage. Sa faiblesse se manifeste par des lamentations stériles ou par des colères impuissantes. « Abstiens-toi et supporte », disait la sagesse antique. Certes, il est bien de se résigner devant les maux inévitables, et la patience peut seule les alléger; mais la résignation ne doit pas dégénérer en apathie, en indifférence; quand il est possible de triompher du mal, il faut lutter contre lui et chercher à améliorer son sort.

Les revers élèvent l'homme courageux au lieu de

l'abattre ; l'énergie qu'il déploie pour surmonter les obstacles s'appelle la fermeté, la constance. La constance est particulièrement la qualité de celui qui reste fidèle à ses desseins et persévère dans ses résolutions jusqu'à ce qu'il ait réussi. On ne doit pas confondre l'obstination déraisonnable ou l'entêtement avec la constance. Il faut persévérer dans ses résolutions, mais pourvu qu'elles soient sages ; il n'y a aucune faiblesse à céder à la raison ; c'est au contraire le triomphe de la volonté.

Un des ennemis les plus redoutables contre lesquels l'homme ait à lutter pour faire ce qui lui semble juste et bien, c'est le respect humain. Tel qui supporterait la mort sans faiblir tremble à l'idée d'encourir le ridicule ou d'être désapprouvé par l'opinion. Il faut beaucoup de courage à un homme d'État pour braver l'impopularité. C'est une lâcheté pourtant que de faire taire la voix de sa conscience devant les clameurs de la foule.

Le courage, au sens le plus usuel du mot, est la force d'âme, qui consiste à braver la mort et les dangers qui menacent la vie. Il est beau par lui-même et on l'admire même chez les criminels, qui sont deux fois coupables quand ils unissent la lâcheté au crime. On ne saurait trop tôt s'habituer à combattre la peur et à mettre l'honneur au-dessus de la vie : la crainte empêche l'homme, non seulement de faire son devoir, mais même de défendre sa vie dans le péril ; elle paralyse son activité et en fait une proie toute prête pour ses ennemis ; les individus assaillis par de continuelles terreurs, nées la plupart du temps de leur imagination, sont les plus malheureux des hommes en même temps qu'ils en sont les plus méprisables.

LE COURAGE MILITAIRE ET LE COURAGE CIVIL. — On

peut distinguer, comme le faisaient les anciens, le courage militaire et le courage civil. C'est à la guerre qu'on a le plus souvent l'occasion d'exposer sa vie pour le devoir. L'histoire est pleine du récit des belles actions des grands capitaines ; la gloire les couvre d'une auréole et leur nom est l'objet de l'admiration des peuples ; mais le courage civil n'est pas moins difficile ni moins estimable ; il faut mettre sur la même ligne le médecin qui brave la contagion dans un hôpital et le soldat qui s'expose aux balles sur le champ de bataille. L'héroïsme est de toutes les conditions : le martyr qui meurt pour sa foi religieuse ou philosophique, le citoyen qui se dévoue dans un incendie ou une inondation, le magistrat qui résiste à l'émeute, comme Boissy d'Anglas, est un héros au même titre que les Décius ou les Léonidas.

LA TÉMÉRITÉ. — LA COLÈRE. — On oppose au courage non seulement la lâcheté, mais la témérité. La témérité n'est pas un courage excessif, car le courage en lui-même pouvant aller jusqu'au sacrifice n'est jamais excessif, mais une impétuosité aveugle qui porte à affronter des périls inutiles. Non seulement il n'y a pas de mérite à risquer ses jours dans un jeu dangereux ou par fanfaronnade, mais c'est une faute contre le devoir de conservation personnelle, qui ne doit être sacrifié qu'à un devoir supérieur. La prudence ordonne d'éviter les périls inutiles, et le courage d'affronter les périls nécessaires.

Le courage n'est pas non plus la fureur du brutal qui, dans l'emportement de la colère, maltraite, blesse ou tue celui qui l'a offensé. Le véritable courage ne va pas sans le sang-froid ; la colère est une folie momentanée. L'abus de la force aussi est une lâcheté. La colère est condamnée par la morale sociale comme la vengeance ; elle est un signe de faiblesse morale et elle s'oppose à la patience ; enfin, comme toutes les passions déréglées, elle est une forme de l'intempérance.

La colère, qui naît de l'égoïsme contrarié, ne doit pas être confondue avec l'indignation généreuse que l'injustice allume dans les âmes passionnées pour le bien. On peut éprouver

> ...ces haines vigoureuses
> Que doit donner le vice aux âmes vertueuses

comme parle Molière, sans perdre son sang-froid ni cesser d'être maître de soi.

II. DEVOIR DE CULTIVER ET DE DÉVELOPPER LA VOLONTÉ.— Les devoirs concernant la volonté peuvent se résumer dans cette brève formule empruntée au stoïcisme (1) : « Être libre, reste libre. »

Au temps où l'esclavage existait, c'eût été un crime analogue au suicide de se réduire soi-même en servitude, comme le faisaient, dit-on, chez les Germains, certains joueurs effrénés qui, n'ayant plus d'argent à jouer, en venaient à offrir leur liberté même comme enjeu. Aujourd'hui la servitude matérielle est impossible, au moins chez les peuples civilisés ; mais on peut compromettre la liberté morale, soit en se faisant l'esclave de ses propres passions, soit en aliénant son indépendance à l'égard d'autrui par servilité.

RÔLE DE L'HABITUDE DANS LA VIE MORALE. — Notre volonté devient plus forte à mesure qu'elle s'affranchit des passions mauvaises, et la liberté idéale consisterait à suivre toujours la raison, à obéir toujours à la loi morale. Pour arriver à cet état, il faut lutter ;

(1) Le stoïcisme est la plus fameuse école de morale de l'antiquité. Ses principaux représentants sont Zénon, Epictète et Marc-Aurèle.

c'est dans ce sens qu'on a dit que la vie est un combat; la volonté s'affermit dans la lutte, et la première récompense de l'acte vertueux est la facilité plus grande qu'on éprouve à le faire de nouveau.

Au contraire, le premier châtiment de l'acte mauvais est la tendance que l'habitude fait naître en nous de le répéter; cette tendance peut se développer au point d'annuler presque la liberté. L'homme, suivant les habitudes qu'il prend, s'élève donc vers la liberté ou s'abaisse jusqu'à l'esclavage; il s'affranchit de ses chaînes ou les rend plus pesantes. De là l'importance qu'il y a à surveiller la formation des habitudes; car si les actes font les habitudes, les habitudes déterminent ensuite les actes. Il y a une liaison entre toutes les actions de notre vie, aucune n'est indifférente; et celui qui de bonne heure s'est assujetti à la règle accomplit plus tard avec facilité tous les devoirs de l'existence; de même que celui qui, étant écolier, a assoupli et fortifié son corps par la gymnastique, ne trouve plus rien qui l'arrête dans les exercices du soldat.

L'INDÉPENDANCE DU CARACTÈRE. — LA SERVILITÉ. — Nous avons tous besoin les uns des autres; nul ne peut se vanter de se passer de ses semblables; l'indépendance absolue n'appartient qu'à Dieu. Mais nous pouvons pourtant arriver à une indépendance relative : pour cela, il faut nous mettre en état de rendre autant de services que nous en recevons; de la sorte, les autres ayant besoin de nous comme nous avons besoin d'eux, nous ne serons sous la dépendance de personne. Il y a deux moyens pour arriver à cet état : le premier, c'est la modération dans les désirs; le second, c'est le travail. Celui qui a des goûts de dépenses qu'il ne peut satisfaire par ses propres ressources, ou qui a une ambition supérieure à son mérite, est réduit à implorer les bienfaits d'autrui, à flatter les riches ou les puissants, à recourir à l'intrigue pour obtenir, par faveur, ce qu'il ne peut espérer au nom de la justice. Parler contre sa conscience, déguiser ses véritables sentiments de peur de déplaire, s'incliner devant les affronts d'un protecteur insolent, s'exposer à toutes les humiliations : c'est là ce qu'on appelle la servilité ; et en effet, c'est agir en esclave, et celui qui est capable d'une conduite aussi contraire à la dignité humaine n'a pas l'âme d'un homme libre.

« Ne soyez pas les esclaves des hommes, dit un grand moraliste (1), ne recevez point de bienfaits dont vous puissiez vous passer. — Ne soyez ni parasites, ni flatteurs, ni mendiants... — Il semble indigne d'un homme de s'humilier et de se courber devant un autre. — Celui qui se fait ver peut-il ensuite se plaindre d'être écrasé ? » Le sentiment qui s'oppose à la servilité est la fierté qui engendre l'indépendance de caractère.

La fierté. — L'orgueil. — La fierté est le juste sentiment qu'un homme a de sa dignité ; elle l'empêche de s'abaisser devant les autres ; il ne faut pas la confondre avec l'orgueil : l'orgueil est le sentiment exagéré qu'un homme a de sa supériorité sur les autres et qui le porte à les abaisser devant soi.

La servilité se concilie avec l'orgueil chez les ambitieux ; la fierté au contraire, chez l'homme de bien, s'accorde parfaitement avec la modestie, qui est la vertu opposée à l'orgueil.

III. Le travail est une nécessité. — C'est dans le

(1) Emmanuel Kant, né à Kœnigsberg en 1724, mort en 1804. Nul philosophe n'a mieux compris la valeur et la noblesse de la personne humaine. Il manifesta sa sympathie pour la Révolution française.

travail que nous trouvons la plus sûre garantie de notre indépendance. Mais là ne se borne pas son influence morale. Le travail, né du besoin, est une nécessité physique ; il est la condition de notre existence matérielle. La terre ne peut nourrir l'humanité qu'à la condition d'être cultivée, et tous les objets qu'elle renferme, la pierre, le bois, les métaux, ne deviennent utiles que quand ils ont été transformés par le travail. On est tenté d'abord de maudire cette loi, et il n'est guère d'homme qui ne s'en plaigne ; pour qui sait la comprendre, elle est bienfaisante ; le travail, librement accepté, est un honneur pour l'homme ; il n'assure pas seulement son existence matérielle, mais son perfectionnement moral ; il l'élève et l'ennoblit.

Influence morale du travail. — L'oisiveté, dit le proverbe, est la mère de tous les vices ; on peut dire qu'au contraire, le travail engendre les plus belles vertus. Non seulement il est un devoir social, chacun étant obligé, pour sa part, de concourir à accroître la fortune publique et de rendre aux autres les services qu'il en reçoit, mais c'est un devoir individuel. Le riche peut vivre sans rien faire, légalement il en a le droit, moralement il ne le doit pas. Le privilège que lui donne sa fortune, et il est déjà assez grand, c'est de choisir ses occupations et de s'y livrer, sinon sans fatigue, car tout travail suppose l'effort, du moins sans contrainte. Le travail n'est pas un déploiement quelconque d'activité, autrement il pourrait se confondre avec le jeu, *c'est une action suivie et réglée en vue d'un but utile.* Il est essentiellement une manifestation de l'énergie virile, de la force morale ; à ce titre, il est une vertu de la volonté. Le paresseux est lâche, le travailleur est courageux ; il lutte contre la fatigue, il lutte contre les distractions et les

caprices qui entraînent sans cesse le désœuvré vers de
nouveaux objets; en même temps que la persévérance
dans l'effort développe la volonté, le travail exerce
l'intelligence d'une manière régulière, la contraint à
l'attention et l'empêche de se dissiper dans des rêve-
ries stériles et vagabondes. Enfin, il n'est pas moins
favorable à la tempérance qu'aux vertus intellec-
tuelles ; quand il ne travaille pas, l'homme, pour
échapper à l'ennui, s'amuse, et d'ordinaire il ne se
borne pas aux amusements permis, mais il se jette
dans une vie de désordres et dans la débauche. Le travail calme les désirs inquiets et apaise la fièvre des
passions ; il ne laisse pas le loisir de penser au mal ;
peu à peu on prend goût aux occupations accoutu-
mées ; l'amour-propre entre en jeu : on veut réussir
dans ce qu'on entreprend ; on finit par se passionner
pour sa profession. Le négociant aime ses affaires,
l'industriel son usine, l'avocat a un réel plaisir à
plaider ses causes et le médecin à soigner ses clients.
Ainsi, le cœur et la raison sont d'accord, et les inclinations légitimes, utiles aux autres et à nous-mêmes,
ont pris la place des sentiments mauvais et des passions dégradantes. C'est ainsi que dans un champ
cultivé, le bon grain germe où les mauvaises herbes et
les plantes malfaisantes auraient pris racine, si le travail n'eût tiré parti des forces naturelles qu'il renfer-
mait.

Chacun se doit à lui-même et doit à la société de
faire valoir pour ainsi dire ses facultés et de tirer
parti des dons de la nature. Les plus belles qualités de l'intelligence, les plus heureuses dispositions
restent stériles si le travail ne s'y joint. Bien des
hommes sont morts inutiles et obscurs qui auraient pu
être l'honneur de leur pays, enrichir l'humanité par

leurs découvertes ou la charmer par leurs œuvres s'ils avaient voulu suivre leur vocation. Beaucoup ont végété au dernier rang, qui auraient pu occuper avec honneur des positions élevées et auraient suffi aux affaires les plus importantes ! Les talents que le travail eût développés se sont étiolés dans l'oisiveté ; la statue est restée à l'état d'ébauche et s'est dégradée avec le temps. Chacun, disait un ancien, doit sculpter sa statue, c'est-à-dire donner à son âme toute la perfection et la beauté dont elle est capable.

Aujourd'hui, l'instruction est accessible à tous, toutes les carrières sont libres, le talent peut se faire jour partout ; celui qui est bien doué peut s'élever aux plus hautes situations, il lui suffit de le vouloir et de les mériter ; ce serait une honte de ne pas concourir et de renoncer, par paresse, aux chances que la vie offre à tous dans une démocratie comme la nôtre. Je m'adresse ici à l'écolier ; son devoir est de puiser largement aux sources du savoir qui lui sont ouvertes toutes grandes, de profiter des années de la jeunesse pour donner à son intelligence tout le développement dont elle est capable, de faire provision de connaissances pour la vie. Il tient sa destinée en sa main, il dépend de lui de se préparer une existence honorable et heureuse ou un avenir misérable et plein de regrets.

Influence du travail sur le bonheur. — Mais de tous les devoirs c'est celui dont l'accomplissement porte le plus visiblement avec lui-même sa récompense. L'intérêt nous y pousse en même temps que la morale l'ordonne.

Le travail, à part certaines exceptions malheureuses, qui avec le progrès deviendront chaque jour plus rares, n'épuise pas les forces du corps, mais les entretient plutôt, il est cause de nombreuses jouis-

sances physiques. — « L'oisiveté, a dit Franklin, qui
est mort à l'âge de quatre-vingt-quatre ans après une
vie tout entière consacrée au travail, l'oisiveté est
comme la rouille, elle use plus vite que le travail. La
clef est claire tant qu'on s'en sert. » Il y a certainement plus d'hommes qui meurent des suites de la
paresse que par excès de travail.

Le travail en lui-même est un plaisir; l'homme actif
et laborieux se sent vivre plus fortement que le paresseux qui s'endort dans la mollesse et languit dans l'inac-
tion. Quelle joie procure une difficulté vaincue! L'élève,
par exemple, qui vient de trouver la solution d'un pro-
blème ou le sens d'une version, a un moment de con-
tentement délicieux.

Le travail est nécessaire pour goûter le charme du
repos; les divertissements n'ont tout leur prix que
pour celui qui est ordinairement occupé. Nul ne jouit
mieux des vacances que le bon élève, pour qui elles sont
la récompense d'une année bien employée.

Quelle satisfaction intérieure éprouve l'homme qui
a conscience de sa valeur et des services qu'il rend!
Celui, au contraire, qui se voit inutile, véritable frelon
dans la ruche sociale, souffre de son impuissance,
se méprise et souffre encore en pensant que les autres
portent sur lui le même jugement que lui-même. Les
hommes, aujourd'hui, ne sont estimés qu'en proportion
de leur mérite; la naissance, la richesse sont impuissantes à procurer la considération. La seule noblesse
devant laquelle on s'incline est celle que donnent le
talent et la vertu; il n'y a plus d'autre aristocratie
que celle des meilleurs, suivant le vrai sens du mot,
et ses rangs sont ouverts à tous les hommes de bonne
volonté. Tous ceux qui en font partie sont des hommes
de travail, depuis l'homme d'État qui supporte le poids

des affaires publiques jusqu'au savant qui consacre ses veilles à la solution des problèmes les plus ardus. Un caprice de la fortune peut enrichir un ignorant, mais non en faire l'égal d'un homme de mérite.

Le travail enfin assure l'aisance, la sécurité et la dignité de la vie, tandis que la paresse, pour le plus grand nombre, amène la gêne, les privations, parfois la honte.

LES PRÉJUGÉS CONTRE LE TRAVAIL. — Il y eut un temps, et ce préjugé n'a pas encore complètement disparu, où l'on distinguait un travail noble et libre : la guerre, la politique, et encore les arts, les sciences; et un travail servile et mercenaire : celui des artisans ou des marchands. Dans l'antiquité, chez les Grecs et chez les Romains, le travail manuel, et même celui du professeur, du médecin, était presque exclusivement réservé aux esclaves et comme tel méprisé. Cicéron n'admettait d'exception que pour l'agriculture. « Jamais une boutique, disait-il, ne pourra renfermer un homme libre. » Il faisait néanmoins certaines réserves pour le commerce en grand, celui des armateurs. Sous l'ancien régime, le noble dérogeait en travaillant de ses mains ou en se livrant au négoce. Le commerce était abandonné à la roture; on fit pourtant une exception aussi pour le commerce maritime. Aujourd'hui l'esclavage et les distinctions de caste ont disparu, et si le préjugé sur le travail manuel subsiste encore, ce n'est plus que chez quelques esprits étroits et rétrogrades. Toutes les professions n'offrent pas les mêmes avantages à ceux qui les exercent, parce que toutes n'exigent pas des aptitudes égales. L'inégalité des conditions est un mal nécessaire, comme l'inégale répartition des dons naturels chez les hommes; tous n'ont pas les ressources suffisantes pour acquérir une instruction supérieure, mais toute occupation utile est honorable.

Un préjugé contraire qu'on rencontre chez certains ouvriers est celui qui consiste à ne considérer comme travail que le travail manuel et à mépriser le travail intellectuel (1). Il faut bien qu'on sache que le travail intellectuel est aussi pénible et aussi utile que le travail manuel. Un homme d'étude, assis dans son cabinet, dépense (l'expérience a été faite) autant et plus de forces que l'ouvrier dans l'atelier. Il y a dans les professions dites libérales des individus qui travaillent peu et s'acquittent mal de leurs fonctions, comme il y en a dans tous les métiers ; mais celui qui n'a qu'une plume pour outil, s'il fait son devoir, paie sa dette à la société aussi bien que l'homme dont les mains sont durcies aux plus rudes travaux. Le progrès n'est possible que par l'union du travail intellectuel et du travail manuel.

(1) Tout travail exige une certaine application de l'intelligence, mais on réserve le nom de travail intellectuel à celui dans lequel la pensée a plus de part que l'activité physique.

CHAPITRE XXV

DEVOIRS RELIGIEUX ET DROITS CORRESPONDANTS.

La loi morale est connue par la raison, mais a son origine en Dieu.
La vie future.
Rôle du sentiment religieux en morale.
La puissance, la sagesse, la bonté de Dieu.
Le respect pour le nom de la Divinité.
La confiance en Dieu. — La prière. — (Aide-toi le Ciel t'aidera.)
Le fanatisme religieux. — La vraie piété.

LA LOI MORALE EST CONNUE PAR LA RAISON, MAIS A SON
ORIGINE EN DIEU. — Tous les devoirs dont nous avons
parlé jusqu'ici, tant ceux de la morale individuelle que
ceux de la morale sociale, peuvent être considérés
comme des devoirs religieux, si on se reporte à leur
principe. La loi qui est dans nos consciences a son origine au-dessus de nous. C'est Dieu qui, en nous créant,
l'a mise en nous. Cette loi est bonne et ordonne le
bien, parce que son auteur est infiniment bon; elle a
une autorité souveraine, parce que son auteur est infiniment puissant; nous savons que celui qui l'accomplit
sera récompensé, que celui qui l'enfreint sera puni,
parce que nous avons foi dans la justice de Dieu.

LA VIE FUTURE. — L'expérience nous montre que
dans ce monde le bonheur des hommes n'est pas toujours proportionné à leur valeur morale ; nous ne dou-
tons pas pour cela de la Providence, mais nous voyons

dans ce fait la preuve que notre destinée ne s'achève pas sur cette terre :

Un jour tout sera bien, voilà notre espérance !

dit Voltaire, qui crut, avec la plupart des philosophes anciens et modernes, à l'immortalité de l'âme et à un Dieu « rémunérateur des bonnes actions et punisseur des méchantes ».

Rôle du sentiment religieux en morale. — Quand nous vivons honnêtement, quand nous respectons la personne d'autrui et que nous aimons notre prochain, nous faisons la volonté de Dieu. L'action morale est en même temps une action pieuse lorsqu'elle est faite non seulement par devoir, mais par amour pour le créateur. Celui qui aime Dieu puise dans ce sentiment une force particulière pour résister aux mauvais désirs, comme un bon fils qui s'abstient de mal faire, non seulement parce que c'est mal, mais parce qu'il ne veut pas désobéir au père qu'il aime. Le sentiment religieux, comme la piété filiale, a une influence efficace et salutaire dans la vie morale ; il est un obstacle pour le vice et une garantie pour la vertu. Il faut donc aimer Dieu ; cela rendra l'accomplissement de nos devoirs plus facile.

La puissance, la sagesse, la bonté de Dieu. — Mais l'amour de Dieu est déjà un devoir par lui-même, parce qu'il est dans l'ordre d'aimer l'Etre Parfait, c'est-à-dire l'Être le plus digne d'amour, de se montrer reconnaissant envers le Père du genre humain. Tous les biens dont nous jouissons viennent de lui ; sa Providence nous conserve. L'amour pour la divinité est un amour mêlé de respect ; on le désigne sous le nom d'adoration. Ce sentiment est naturel au cœur de l'homme, mais il dépend de nous de le rendre plus fort.

Il faut pour cela penser souvent à ses bienfaits, l'admirer dans ses œuvres, comme on admire le poète en lisant de beaux vers, l'artiste en voyant un beau tableau, une belle statue; bien plus encore, car l'univers est une œuvre plus belle et plus admirable que toutes les œuvres humaines et qui suppose un auteur incomparablement plus digne de vénération et d'amour. On ne peut lever les yeux vers le ciel étoilé sans être pénétré de respect pour l'Être infini qui a semé dans l'espace des mondes sans nombre, ni regarder la structure du plus chétif insecte sans adorer sa sagesse et sa bonté.

Le respect pour le nom de la divinité. — Celui qui comprend ce que renferme ce mot sublime, Dieu, ne le prononcera pas à la légère; le blasphème n'est pas seulement une sottise et un signe de mauvaise éducation, c'est une faute contre la morale.

Lorsque, dans un serment, on a invoqué le nom de la divinité, le mensonge ou la violation d'une promesse est doublement coupable.

La confiance en Dieu et la prière. — « Aide-toi, le ciel t'aidera. » — C'est manquer encore aux devoirs religieux proprement dits que de reprocher à la divinité les maux dont on souffre: l'amour implique la confiance celui qui aime Dieu a confiance dans sa justice. Non seulement on ne connaît pas l'avenir, mais on ne connaît que très imparfaitement le présent; ce qu'on prend d'abord pour un mal se trouve souvent être un bien(1); on n'a donc pas le droit d'accuser la Providence. Mais la confiance en la Providence ne doit pas engourdir l'activité : « Aide-toi, le ciel t'aidera ! » Le malheureux qui se contenterait de demander au ciel, dans

______

(1) Voir La Fontaine : *le Gland et la Citrouille*.

ses prières, la fin de ses maux sans rien faire pour les abréger mériterait son sort. Dieu est juste, et c'est au seul courage qu'il réserve la victoire.

Bien souvent l'homme est lui-même la cause des maux dont il se plaint ; au lieu de se répandre en accusations stériles contre le Créateur, il doit s'armer de courage pour les réparer.

LE CULTE. — LES RELIGIONS. — Le sentiment religieux ne détourne pas seulement de certains actes contraires aux devoirs envers Dieu, il tend encore à s'exprimer dans des paroles de reconnaissance et dans des actes de vénération. De là le culte extérieur; et quand les hommes se réunissent pour adorer Dieu ensemble, c'est le culte public. Suivant les temps et les pays, le culte a pris différentes formes. Les religions ont réglé les pratiques du culte extérieur et les cérémonies du culte public; il y a en France, actuellement, différentes religions : la religion catholique, la religion protestante, la religion juive. Le fidèle, dans chaque religion, a des devoirs religieux particuliers dont l'enseignement est donné par le prêtre.

LE FANATISME RELIGIEUX. — Mais la morale proclame que chacun a le devoir et par conséquent le droit d'honorer Dieu selon sa conscience. Le fanatisme est une aberration du sentiment religieux qui consiste à vouloir imposer aux autres les pratiques du culte que l'on professe (1). Ce serait une faute égale et un fanatisme aussi coupable à celui qui ne professe aucun culte de vouloir empêcher les fidèles de pratiquer leur religion. (Délit réprimé par le Code pénal, ART. 260).

LA VRAIE PIÉTÉ. — La piété du fidèle, sous quelque forme qu'elle se manifeste, est toujours respectable

____

(1) Voir chapitre X : LA LIBERTÉ DE CONSCIENCE.

quand elle est tolérante et sincère; ce qui est méprisable, c'est la fausse dévotion ou l'hypocrisie de celui qui affiche une foi qu'il n'a pas, ou qui met de l'ostentation dans la pratique de ses devoirs religieux. Toutes les religions, aussi bien que la morale, condamnent ceux qui veulent faire servir la religion à leur ambition ou à leur cupidité.

D'autre part, celui qui a la foi religieuse serait coupable de lâcheté si, par respect humain, il cachait sa dévotion et faisait mystère de ses croyances. La véritable piété est au-dessus des calculs de l'intérêt et des railleries des sots.

Elle ne saurait exister sans la moralité. Les pratiques du culte ne dispensent pas de la pratique du devoir. Aucun sacrifice ne saurait être agréable à Dieu s'il n'est offert par des mains pures.

APPENDICE

TEXTE DE COMPOSITIONS ET EXERCICES

Notions préliminaires. — 1° Quelles sont les causes qui diminuent ou qui augmentent la responsabilité morale? Qu'appelle-t-on circonstances atténuantes et circonstances aggravantes? Donner des exemples.

2° Distinguer ces trois sentiments : le regret, le remords, le repentir.

3° « Ce qui doit arriver arrivera ». — « C'était ma destinée, c'était écrit » ; montrer que ces paroles, qu'on entend trop souvent répéter, ne sont que de mauvaises excuses à l'imprévoyance, à la paresse ou à la lâcheté.

4° Pourquoi la fortune n'est-elle pas le plus grand des biens? Quel est, à votre avis, le bien qui l'emporte sur tous les autres?

5° Toutes nos actions sont-elles inspirées par l'intérêt ou par la vanité? Chercher des exemples d'actions vraiment désintéressées.

6° Que pensez-vous de ce mot : « l'intention vaut le fait »? Est-il juste et dans quelle mesure?

(Sujet donné au professorat des écoles normales le 7 juillet 1883.)

On devra distinguer ici les divers sens du mot intention dans ces expressions : avoir l'intention de faire une chose, faire une chose avec intention, la faire avec une certaine intention ; et chercher pourquoi on dit aussi que « l'enfer est pavé de bonnes intentions ».

7° Faire voir que, dans la plupart des cas (non dans tous), l'honnête et l'utile s'accordent, mais que les actions honnêtes ne sont pas telles à cause de leur utilité.

8° Quelle idée vous faites-vous du bonheur?

Devoirs domestiques. — 1° On entend souvent regretter le bon vieux temps : la constitution actuelle de la famille est-elle moins favorable à l'accomplissement des devoirs domestiques qu'elle ne l'était sous l'ancien régime?

2° Pourquoi les enfants ont-ils des devoirs envers leurs parents ; ces devoirs cessent-ils jamais?

3° Quels sont les devoirs de l'amitié? Quels défauts doit-on éviter dans les relations entre amis?

4° Montrer qu'il n'y a pas lieu d'établir la moindre comparaison entre le domestique de nos jours et l'esclave antique. Quels sont les défauts que celui que l'on nomme improprement un *maître* doit éviter dans ses rapports avec ses serviteurs? Faire voir d'autre part que l'obligation qui se fonde sur un contrat librement accepté rend plus stricts au regard de la conscience les devoirs des serviteurs envers les maîtres.

Devoirs généraux de la vie sociale. — 1° Un homme peut-il dire qu'il a fait son devoir quand il n'a fait de tort à personne et qu'il s'est mis en règle avec le Code pénal?

2° Un homme répond à un compliment qu'on lui adresse : « Je n'ai fait que mon devoir, je n'ai pas de mérite »; qu'en pensez-vous? Quels sont les cas où il y a peu de mérite, et ceux où il y en a beaucoup à faire son devoir?

3° Montrer que nul n'est vraiment bienfaisant s'il n'est juste.

4° La formule célèbre des stoïciens : Abstiens-toi et supporte », contient-elle toute la morale?

(Facul⁵ de Paris, baccal. ès lettres, 18 juillet 1883.)

5° Parmi les raisons par lesquelles on a combattu l'esclavage, laquelle vous semble la plus forte et pourquoi?

6° Montrer la vérité de ce vers de Boileau : « Le mal qu'on dit d'autrui ne produit que du mal. »

7° La liberté de penser est-elle la liberté de croire ce qui est absurde? Pourquoi est-ce un bien si précieux?

8° Montrer pourquoi il est préférable d'être victime d'une injustice, d'un vol par exemple, que de la commettre, fût-on assuré de l'impunité.

9° Faire voir par des exemples que l'homme qui n'accomplit pas consciencieusement ses devoirs professionnels pèche contre la probité et peut causer les plus grands malheurs.

10° Pourquoi l'indiscrétion, dans certaines professions particulièrement, est-elle criminelle? Imaginez un récit où vous montrerez les graves conséquences qu'elle peut avoir.

11° Distinguer la véracité et la franchise. Que pensez-vous de ces vers de Molière (*le Misanthrope*) :

Il est bien des endroits où la pleine franchise
Deviendrait ridicule et serait peu permise ;
Et parfois, n'en déplaise à votre austère honneur,
Il est bon de cacher ce qu'on a dans le cœur.

12° La formule : « A chacun le sien », n'est-elle pas susceptible de deux interprétations? En quel sens peut-on adopter cette autre formule : « A chacun selon sa capacité ; et à chaque capacité selon ses œuvres » ?

13° La morale défend de rendre le mal pour le mal, est-ce là un prétexte en opposition avec les règles de la justice distributive, ou les exigences de la défense sociale? Pourquoi la peine du talion est-elle mauvaise?

14° Les physiologistes peuvent-ils alléguer les droits de la science pour opérer des vivisections sur les animaux? Auraient-ils le droit de tenter des expériences sur les malades, sous prétexte de réaliser, en médecine, des progrès utiles à l'humanité?

Devoirs civiques. — 1° Dire pourquoi nous devons aimer la France.

2° Montrer les différences et les rapports qui existent entre les lois civiles et la loi morale.

3° Expliquer comment l'obéissance aux lois n'est pas un obstacle à la liberté du citoyen.

4° Développer cette pensée que les lois sont impuissantes sans les mœurs.

5° Est-il vrai de dire que tous les citoyens d'un État sont égaux malgré les inégalités de toute nature qui existent entre eux? L'égalité des fortunes est-elle possible, serait-elle légitime?

6° Un gouvernement peut-il imposer la vertu par la force?

7° Quels sont les devoirs d'un juré et les défauts contre lesquels il doit se prémunir? — Même question pour l'électeur.

8° Montrer combien est coupable et dangereuse l'indifférence en matière politique.

Devoirs individuels et devoirs religieux. — 1° Expliquer ces vers de Louis Racine : « Lâche qui veut mourir, courageux qui peut vivre. »

(Sujet de composition française donné au baccalauréat de l'enseign. secondaire spécial le 25 octobre 1883.)

2° Est-ce un suicide que de se dévouer à une mort certaine pour sauver sa patrie? Serait-on fondé à alléguer le devoir de conservation personnelle pour se dispenser d'accomplir un devoir patriotique?

3° Est-on tenu de sacrifier son honneur même à sa famille ou à sa patrie?

4° Montrer par des exemples combien les hommes sont habiles à trouver de mauvaises raisons pour justifier une mauvaise conduite.

6° N'existe-t-il pas une éducation personnelle de l'individu par lui-même? Quelles en sont les principales règles?

7° « Connais-toi toi-même », a dit Socrate. Montrer l'importance de ce précepte en morale pratique.

8° Le sage vit content de son sort, dit une maxime antique, faut-il en conclure que l'homme ne doit rien faire pour améliorer sa situation? Montrer que les efforts de l'homme pour asservir la nature ne contribuent pas moins à son perfectionnement moral qu'à son bonheur.

9° Développer la leçon de morale contenue dans *le Charretier embourbé*, de La Fontaine.

10° Vous imaginerez un dialogue entre deux jeunes gens dont l'un prétend que les maux de la vie l'emportent sur les biens, mettant toutes choses au pis, *un pessimiste*; dont l'autre, *un optimiste*, sans nier qu'il y ait beaucoup de mal dans le monde, soutient qu'il dépend de chacun de nous de faire son existence meilleure et affirme que le bien doit finir par triompher.

* Montrer que le courage civique est la garantie de la liberté intérieure pour une nation, comme le courage militaire est la condition de son indépendance.

* Donner des exemples du courage *civique* et du courage *civil*. (Le courage civil est celui qui fait braver les dangers et la mort pour venir en aide à un de nos semblables.)

* Quelle est la portée morale de ce précepte : « Dans le doute abstiens-toi »? (On prendra pour exemple le cas où une action est conforme à notre intérêt et où on doute si elle est honnête.)

* Montrer tout ce que l'ingratitude a d'odieux. Comment l'enfant peut-il témoigner sa reconnaissance pour les bienfaits qu'il reçoit?

* Supériorité morale de l'admiration sur l'esprit de dénigrement. Faire voir combien l'habitude de tout critiquer est déplacée chez un enfant ou un jeune homme.

TABLE DES MATIÈRES

DEVOIRS CIVIQUES

Chapitre XXV. — Devoirs religieux et droits correspondants.

La loi morale est connue par la raison, mais a son origine en Dieu.
La vie future.
Rôle du sentiment religieux en morale.
La puissance, la sagesse la bonté de Dieu.
Le respect pour le nom de la Divinité.
La confiance en Dieu. — La prière. — Aide-toi, le Ciel t'aidera.
Le fanatisme religieux.— La vraie piété.